AF211008

achtsames Management

spirituell – mental – physisches Leadershiptraining

1. Auflage, Mai 2016
© 2016 DI Gerald Schinagl

Herstellung und Verlag: BoD - Books on Demand, Norderstedt

ISBN: 978-38448-0456-0

Inhaltsverzeichnis

EINFÜHRUNG 4

BIOLOGISCHE GRUNDLAGEN 8

    DAS MENSCHLICHE GEHIRN 8
    DIE BEWUSSTSEINSEBENEN 11
    DER MENSCHLICHE KÖRPER 14

WOBEI KANN SIE SMPLT UNTERSTÜTZEN? 18

    DEFINITION EINER FÜHRUNGSKRAFT 18
    VERANTWORTUNG EINER FÜHRUNGSKRAFT 19
    FÜHREN 21
    ENTSCHEIDEN 24
    VERHANDELN 26
    KREATIVITÄT 28

DAS ZIEL EINES ACHTSAMEN MANAGEMENTS 29

    DIE PERSON, DAS BEWUSSTSEIN UND DAS ICH 29
    ZIELE IM LEBEN? 31
    DIE DREI EBENEN DER INTEGRITÄT 33
    (HERZENS)ZIELE 36

BUDDHISMUS 39

    DER HISTORISCHE BUDDHA UND SEINE LEHRE 39
        Die vier edlen Wahrheiten 42
        Die Weltgesetze (Loka-dhamma) 44
    METHODENSCHATZ DES BUDDHISMUS UND ANDERER WEISHEITSLEHREN 46
    EFFEKTE DER MEDITATION 48

UNTERSTÜTZUNG IHRER INTEGRITÄT 50

    PHYSISCHE AKTIONEN 51
        Ernährung 51
        Körperliche Fitness 53
        Der Körper als Spiegel des Geistes 54
    MENTALE AKTIONEN 57
        Eine Zuflucht finden 57

Ruhe & Entspannung erzielen *60*

Das Positive internalisieren *63*

Mitgefühl mit sich selbst *66*

Selbstkontrolle *67*

Stimmungen & Wahrnehmung *69*

Rollentrennung *73*

Positionen einnehmen *76*

SPIRITUELLE AKTIONEN 78

Die Achtsamkeit entwickeln und stärken *78*

Wirklichkeit – oder das Erleben der Welt *81*

Brahmavihara *83*

Anhaften und Loslassen *84*

Höhere Einsichten *86*

DAS VOLLPROGRAMM – SMPLT **88**

EINSTIEG: OHNE ETHISCHE BASIS GEHT ES NICHT 88

FUNDAMENT: FREIGEBIGKEIT LEBEN 92

TÄGLICHE PRAXIS: HEILSAMER LEBENSERWERB 95

ERSTE SÄULE: GUTE KOMMUNIKATION 97

ZWEITE SÄULE: KÖRPER UND GEIST STABILISIEREN 101

Körper & Leben *103*

Den Geist beruhigen *105*

Im Hier und Jetzt sein *107*

DRITTE SÄULE: DIE GRUNDGEFÜHLE NUTZEN UND BEHERRSCHEN 108

Intuition und Empathie *108*

Akzeptieren und Annehmen *109*

Angst *111*

VIERTE SÄULE: WAHRNEHMUNG UND BEWUSSTSEIN 112

Verantwortung *112*

Interaktion und Kommunikation *114*

Starke Gefühle *117*

DER DACHSTUHL: FLOW IN ALLEN LEBENSLAGEN ERZIELEN 119

DAS DACH: LOSLASSEN, DAS ICH AUFLÖSEN – FÜHREN AUS DER OFFENHEIT 122

ZUSAMMENFASSUNG DES PROGRAMMES 124

REKAPITULATION UND COACHING **125**

Einführung

„Nicht noch ein weiteres Lebens- und Arbeitsmodell, das verspricht, Führungskräfte glücklicher, leistungsfähiger und erfolgreicher zu machen"

werden Sie beim Titel dieses Buches wohl geseufzt haben.

Sie haben recht mit diesem kritischen Ansatz!

Aus meiner Sicht gibt es kein wie auch immer geartetes Modell, das alle Menschen in einer führenden Funktion automatisch glücklich und erfolgreich macht. Der eine oder andere bestehende Zugang mag zwar gut dazu geeignet sein, das (berufliche) Leben weniger Führungskräfte zu verbessern, aber als umfassender Ansatz waren diese nicht geeignet. Die Zahl jener Menschen, welche immer neuen, angeblich erfolgreich machenden Lebens- und Handlungsmodellen eine Chance gibt, steigt kontinuierlich an – aber auch die Anzahl jener Menschen, welche daran gescheitert sind.

In diesem Werk versuche ich, ein umfangreiches, auf Achtsamkeit basierendes Trainings- und Handlungsprogramm darzustellen, welches Ihnen helfen wird, zumindest einen Teil der zuvor gemachten Ansprüche realisieren zu können.

Wie möchte ich erreichen, was vielen Autoren bisher verwehrt blieb?

Aus dem Umfang dieses Werkes können Sie schließen, dass dieses Achtsamkeitsprogramm keine Sache von ein paar kleinen Übungen oder einfachen Erfolgsformeln ist. Vielmehr wird im Folgenden auf den unterschiedlichsten Ebenen des menschlichen Daseins darauf eingegangen, wo die Ursachen für unbefriedigende Zustände liegen können, was die biologischen, soziokulturellen und psychischen Grundlagen dieser *Herausforderungen* sind, und welche Methoden und Übungen Sie anwenden können, um eine nachhaltige Veränderung Ihrer Situation zu bewirken.

Letztlich zielt dieses Programm darauf ab, eine Änderung Ihrer Lebenseinstellung einzuleiten, ohne dass Sie dabei Ihr bisheriges Leben aufgeben oder völlig umkrempeln müssen. Dazu sind im Laufe dieses Buches Ihr Engagement und Ihr Mut gefragt, um voll von den vorgestellten Vorgehensweisen und Ideen profitieren zu können.

Als geistiges Fundament des gesamten Programmes dienen die Erkenntnisse und Ideen der buddhistischen Lehre, in welchen bereits vor über 2.500 Jahren umfangreich dargelegt wurde, wie man nicht nur als Mönch oder Nonne, sondern auch als Laie (weltlicher Mensch) gut leben, arbeiten oder aber auch regieren[1] kann.

Wer sollte dieses Buch lesen?

Diese Publikation, welche Sie gerade in Händen halten, haben Sie vermutlich im Regal für Management-Literatur Ihres Buchladens oder in einer ähnlichen Kategorie im Onlinebuchhandel vorgefunden.

Der Titel und diese Kategorisierung legen die Annahme nahe, die Zielgruppe dieses Werkes wären lediglich gestresste Manager oder Führungskräfte. Auf den ersten Blick werden Sie die beschriebenen Themen auch ganz klar bei diesen Menschen ansiedeln und vermutlich nicht mit Arbeitern, Angestellten, Hausfrauen oder Schülerinnen und Schülern assoziieren.

Bei einer intensiveren Auseinandersetzung mit den Inhalten dieses Buches werden Sie zu dem Schluss kommen, dass diese erste Sichtweise zu einengend ist.

Wenn Sie dieses Buch weiterlesen, werden Sie feststellen, dass die beschriebenen Herausforderungen, deren vielfältige Ursachen und die damit verbundenen Aufgaben, Wünsche und Ziele auf alle Menschen in einem sozialen Netz in ähnlicher Weise zutreffen. Da wir als Menschen vergleichbare Voraussetzungen aufweisen, sind die psychischen und physischen Ursachen und Konsequenzen der beschriebenen Probleme kongruenter als erwartet, egal ob es sich bei der/dem Betroffenen um eine Managerin oder einen Hausmann handelt. Es können sich zwar die materiellen Dimensionen und der Komplexitätsgrad der Aufgabenstellungen gravierend unterscheiden, aber die Ursachen und damit die methodischen Ansätze zur Lösung sind für alle Menschen gleich.

---

[1] Zur Zeit Buddhas gab es deutlich weniger Führungskräfte als heute, aber jene Ratschläge, die er Generälen, hohen Beamten oder auch Fürsten und Königen gab, sind für die heutigen Ansprüche an Führungskräfte nach wie vor wertvoll und hilfreich.

Dieses Buch ist für alle Menschen geeignet, welche in einem sozialen Umfeld entscheiden und handeln (müssen) und die mit der Art und Weise, wie sie dies derzeit handhaben, nicht vollauf zufrieden sind.

Wozu und warum das Ganze?

Wenn Sie Ihr Leben näher betrachten, finden Sie neben den vielen angenehmen Erlebnissen auch weniger schöne Situationen. Das reicht von den großen Ereignissen wie Alter, Krankheit oder Tod über weltliche Probleme wie materiellen Verlust bis hin zu den täglichen kleinen Unannehmlichkeiten.

Dem Alter, der Krankheit oder dem Tod zu entkommen ist auch mit dem Programm, das ich Ihnen hier vorstellen werde, nicht möglich. Es gibt keine Methode, um diesen Dingen zu entrinnen − mit diesen Realitäten werden Sie sich wohl oder übel anfreunden müssen.

Was Sie allerdings verändern können, ist die Basis, auf welcher Sie diese Ereignisse erfahren. Der wichtigste Punkt, der die Auswirkung dieser Einflüsse bestimmt, ist die Frage, wie Sie selbst mit diesen Realitäten umgehen. Ob Sie diese akzeptieren[2] können oder sie personifizieren (also *eine* Krankheit zu *Ihrer* Krankheit machen) und damit das Ausmaß an erfahrenem Leid beeinflussen. Das gilt gleichermaßen für alle Dinge, welche Ihnen im Leben als unangenehm begegnen. Es gilt zu ändern, was änderbar ist, anzunehmen, was unveränderbar ist, und diese beiden Seiten weise voneinander zu unterscheiden. Das sind drei grundlegende Punkte, welche Sie hier im Rahmen des Übungsprogramms für achtsames Management (SMPLT) erlernen werden.

Eine weitere Basis für den Erfolg dieses Programmes liegt im Empfinden von Glück und Freude auf den unterschiedlichen Ebenen des täglichen Lebens. Üblicherweise macht man das Empfinden des Glücks von äußeren Umständen abhängig. Wenn man etwas Bestimmtes hat oder bekommt, so denken manche, wird man glücklich sein. Aber das bewahrheitet sich in dieser Form nicht. Es mag zwar ein momentanes Glück da sein, wenn Sie etwas Gewünschtes erhalten, aber nur zu oft verfliegt dieses rascher wieder, als uns lieb ist. Man wünscht sich noch mehr oder etwas Besseres. Dieses Glück kann sich sogar in das Gegenteil verkehren, wenn man fürchtet, das Bekommene wieder verlieren zu können.

Mit dieser Art der Glückssuche ist eine Art von Handel verbunden. Man erwartet sich etwas, beispielsweise die Anerkennung eines anderen Menschen, um glücklich zu sein. Und wenn dieser Mensch das nicht gibt, so ist man enttäuscht und fühlt sich um sein Glück betrogen. Es geht sogar so weit, dass man diesen Menschen, von dem man stillschweigend etwas erwartet hatte, in der Folge für das fehlende Glück verantwortlich macht, auch wenn sich dieser seiner Rolle gar nicht bewusst war.

---

[2] Wobei etwas zu akzeptieren noch nicht bedeutet, es gut zu heißen.

> **Da liegt doch ein deutlicher Fehler vor:**
> **Wir lassen es zu, dass jemand anderer, wissentlich**
> **oder unwissentlich, über unser Glück bestimmt!**

Im SMPLT geht es darum, Ihnen zu zeigen, wie Sie aus sich selbst heraus, ohne von anderen Menschen oder Umständen abhängig zu sein, ein inneres stabiles Glück finden und weiter aufbauen können. Dazu werden Sie Methoden und Übungen kennenlernen, welche Glück und innere Freude in Ihnen wecken und fördern können.

Ein weiterer Bereich, in welchem Ihnen dieses Programm helfen kann, ist das Schlagwort Stress. Die Interaktion mit der Umwelt hat bereits ein Maß erreicht, welches Stress nicht nur bei Managern auslöst, sondern bereits bei Kleinkindern messbar ist. Noch nie sind so viele Informationen gleichzeitig auf Menschen eingeprasselt. Wir sind ständig online und informiert. Es zeigt sich aber, dass der Mensch dieser Informationsflut mit den bisherigen Herangehensweisen nicht mehr gewachsen ist, dass die Evolution nicht mit der rasanten technischen Entwicklung mithalten kann.
Das SMPLT-Programm verlangt nicht von Ihnen, Ihr iPhone wegzuwerfen oder Ihren Facebook-Account zu löschen, sondern versucht, Ihnen Methoden und Ansätze näherzubringen, welche Ihren grundsätzlichen Stress-Pegel niedrig halten und Ihnen den Umgang mit der vielfältigen Informationswelt erleichtern können. Außerdem werden in diesem Zusammenhang besondere Erfahrungen wie Traumata und die posttraumatische Belastungsstörung sowie das weithin bekannte Burnout-Syndrom inhaltlich und durch passende Übungen adressiert.

Nun ist aber genug ausgeführt, womit sich dieses Programm beschäftigt – lassen Sie uns beginnen!

Biologische Grundlagen

Bevor wir die Ursachen und möglichen Lösungen für jene Gegebenheiten, welche das Leben oftmals erschweren, näher erörtern, werden wir in diesem Kapitel die Grundlagen des Lebens – also den Geist und den Körper – näher betrachten. Dieses Kapitel erhebt aber keinesfalls den Anspruch, psychologisch oder physiologisch umfassend zu sein, sondern dient lediglich dazu, einige Scheinwerfer auf besondere Strukturen, Funktionen sowie die aktuellsten Erkenntnisse der Wissenschaft zu richten, um auf diese Weise zu verstehen, wie und warum wir so funktionieren, wie wir Menschen es täglich erleben.

Dieses Kapitel enthält theoretische Grundlagen und ist thematisch vor dem Training selbst angeordnet. Wenn Sie gleich weiter – näher zur Praxis – gehen wollen, so können Sie mit ruhigem Gewissen dieses Kapitel überblättern und später bei Bedarf einzelne Themen und Konzepte nachschlagen. Wenn Sie hingegen wissen wollen, warum und wie die empfohlenen Übungen wirken und funktionieren, so lesen Sie an dieser Stelle weiter.

Das menschliche Gehirn

Das Gehirn wird weithin als Basis oder Träger der geistigen Funktionen eines Menschen angesehen und ist so die bedeutendste biologische Grundlage für unser Trainingsprogramm. Auch wenn einige der aktuellsten Forschungen diese Annahme (zumindest partiell) in Frage stellen, möchte ich an dieser Stelle bei dem Verständnis bleiben, dass das Gehirn der physische Träger des Geistes ist. Als solches können Sie im *Anhang 1* den strukturellen Aufbau sowie die Funktionsweisen und Besonderheiten des Gehirns nachschlagen, wenn Sie wissen wollen, auf welcher biologischen Basis die später angeführten Übungen ihre Wirkung zeigen.

Hier möchte ich noch explizit auf das Phänomen, welches als **Selbsthindernis** des Gehirns bezeichnet wird, näher eingehen:

Man fragt sich oft, warum man etwas Bestimmtes tut oder nicht, warum man sich selbst im Weg steht (stehen kann), wo man es doch intellektuell eigentlich besser weiß. Ein Themenkreis von Ursachen dafür wird in der Fachliteratur als sogenanntes Selbsthindernis beschrieben. Dabei handelt es sich um vererbte und erlernte Funktionen und Reaktionen aus früherer Zeit, in der sie überlebensnotwendig waren und dem Menschen geholfen haben, die Stellung in der Umwelt zu erreichen, die er heute hat. Mit der raschen Evolution und der massiven Veränderung der physischen und sozialen Umgebung sind diese Funktionen nicht schnell genug mitgewachsen, erweisen sich heute zum Teil als hinderlich und entsprechen nicht mehr dem Bedarf, ja sie sind sogar kontraproduktiv für die zur Zeit vorhandenen Ansprüche.

Oft handelt es sich bei einem Selbsthindernis um:

- **Wachsamkeit und Ängstlichkeit:** Wenn man wach ist und eigentlich nichts tut, also keiner bewusst gesteuerten geistigen Aktivität nachgeht, startet das Gehirn üblicherweise einen Zyklus, um die Umwelt laufend zu analysieren (Feststellen potentieller Bedrohungen) und zu überwachen. Dieser Automatismus war in früheren Zeiten hilfreich, um nicht überrascht zu werden und einem Angriff anderer Lebewesen entgehen zu können. Das daraus resultierende Problem liegt in der Menge an Umgebungsreizen, welche nun auf unsere Sinnesorgane einstürzen und in der Folge das Gehirn überfordern, da sie laufend auf ihr Gefahrenpotential hin überprüft werden müssen. Aus diesem Grund ist es wichtig zu lernen, diesen Mechanismus bewusst zu beruhigen, wenn Sie wissen, dass Ihnen keine Gefahr droht, und dem Gehirn so echte Ruhe zu ermöglichen.

Dieser Mechanismus bezieht sich aber nicht nur auf die laufende Evaluierung der Umgebung, sondern auch auf das Faktum, dass das Gehirn diese freien Zeiten zum Nachdenken, Erinnern und Planen verwendet. Dieses Vorgehen, welches in der Literatur als *Default-Modus* oder *Selbstprojektion* bezeichnet wird, erlaubt dem Menschen, sich in andere Situationen oder Personen hineinzuversetzen, also gleichsam zu simulieren, was war, was sein hätte können, und damit besser auf unbekannte Situationen vorbereitet zu sein. Dieses Verhalten ist eigentlich eine besondere Stärke des Menschen, problematisch ist nur die Tendenz, dass sich diese Geistestätigkeit gerne verselbständigt und die daraus resultierenden, unendlich kreisenden Gedanken alle anderen Empfindungen abblocken.

- **Sensitivität gegenüber negativen Informationen:** Das Gehirn findet negative Information (egal ob Erinnerungen, Lehren oder Erkenntnisse) deutlich schneller und leichter auf als positive. Auch das war ein hilfreicher Schutzmechanismus, um Gefahrenzeichen frühzeitig zu erkennen und zu realisieren und so rascher reagieren zu können. So können wir Menschen (unbewusst) auch heute noch schlechte Erinnerungen deutlich rascher und einfacher abrufen als gute Erinnerungen. Es geht so weit, dass man sich durch diese Eigenschaft des Gehirns in Verbindung mit dem beschriebenen Default-Modus nicht nur merkt, was passiert ist, sondern auch, was Schlimmes passiert hätte können! Die praktische Auswirkung dieser Verhaltensweise besteht darin, dass man sich (scheinbar) nur an die negativen Aspekte einer Situation erinnern kann, während man die positiven Aspekte bereits rasch vergessen hat. Daher ist es nötig, sich immer wieder ganz bewusst auch die positiven Dinge vor Augen zu führen, um nicht der Illusion zu unterliegen, dass alles nur schlecht und negativ ist bzw. war.

- **Hochpriore Speicherung:** Negatives wird gut und sehr dauerhaft gespeichert, um es schnell abrufen zu können, wohingegen Positives rascher verblassen kann. Dieses Verhalten macht in seinem Kern viel Sinn und ist auch heute noch wichtig für unsere Existenz (so wird z.B. die Erinnerung, dass eine Herdplatte heiß ist, von einem Kind so gut gespeichert, dass man sich selbst als alter Mensch noch lebhaft daran erinnert), damit gefährliche oder schmerzhafte Erfahrungen vermieden und/oder nicht wiederholt werden. Man muss gar keine schlechte Situation erlebt haben, um sich diese zu merken. Dies geht sogar so weit, dass negative Situationen, die man gar nicht selbst erlebt hat (z.B. „nur" im Fernsehen mitverfolgt hat), sich ebenso wie tatsächliche Erlebnisse im Gehirn festsetzen (z.B. hatten mehrere Millionen US-Amerikaner in Folge der Anschläge von 9/11 deutliche Anzeichen post-traumatischer Störungen).
  Negative Erlebnisse werden generell **intensiver** wahrgenommen als positive, auch das unterstreicht die Bedeutung der bereits zuvor beschriebenen Funktionsweisen unseres Gehirns.

- **Bleibende Spuren:** Auch wenn Sie eine negative Erfahrung gedanklich-emotional bereits abgelegt oder überwunden haben, bleiben davon Spuren im Gehirn über. Der Grund dafür liegt abermals in der Sicherheit und dem Schutz des Daseins (um sich unbewusst gegen ein erneutes solches Erlebnis abzusichern), macht aber Probleme, wenn man dieses Faktum ignoriert. Heute wird postuliert, dass mit geeigneten Methoden (z.B. der Psychotherapie) die Auswirkung eines Erlebnisses restlos behandelt (man nimmt damit an: entfernt) werden kann. Das ist aber eine Illusion und gefährlich, wenn Sie sich dessen nicht bewusst sind. Eine unpassende Situation und Sie können ganz unerwartet ein *Flashback* erleben. Wenn Sie sich hingegen bewusst sind, solche Erfahrungen zwar reduzieren, aber nie ganz loswerden zu können, dann gehen Sie damit anders um und können es in die eigene Persönlichkeit integrieren oder womöglich sogar zum eigenen Vorteil nutzen.

- Nicht nur das Gehirn, auch alle Sinnesorgane müssen kontinuierlich die **Informationsmenge**, welche sie aufnehmen, **reduzieren**, da sie diese Menge sonst nicht verarbeiten können. Die „Algorithmen", nach denen das abläuft, sind uns oft nicht bewusst und basieren sowohl auf dem Leben und den Erfahrungen unserer Vorfahren im Kampf um das

Überleben als auch auf den Prägungen der eigenen Kindheit und Jugend. Dieser Umstand führt dazu, dass Ihnen manche Dinge (Sehen, Hören) gar nicht wirklich bewusst sind, obwohl Sie vielleicht genau diese Informationen benötigen würden, um eine gute Entscheidung zu treffen. Diese Überlegung ist vor allem wichtig, um sich klar zu machen, dass Sie selbst nur einen Teil der Realität sehen können. Das kann Ihren Ansatz zum Thema Realität und auch die Basis Ihrer Kommunikation deutlich verbessern.

- Die **Erkennung von Gegenständen** führt das vorherige Prinzip noch einen Schritt weiter – es basiert auf der Abstraktion, der Mustererkennung und der Ähnlichkeitsfindung im Gehirn. Dies gilt für alle Sinne und das Denken – die wahrgenommene Realität ist demnach immer eine Abstraktion, die einem nicht zu unterschätzenden Fehlerpotential unterliegt (Bilder, verschiedene Erlebnisse, …). Dazu kommt, dass mit der Erkennung eines Gegenstandes unmittelbar eine Kategorisierung eintritt und das Gesamtbild verloren geht (der oben beschriebenen Reduktion unterliegt – insbesondere dann, wenn es nicht zum gewünschten Bild passt).

Die Bewusstseinsebenen

In vielen Artikeln und Publikationen, in denen es um Entspannung und Meditation geht, kann man von Wachzuständen, Schlaf, Traum, Trance und ähnlichen Ebenen des Bewusstseins lesen. Auf den ersten Blick liegt es nahe, diese Angaben eher in der esoterischen Ecke anzusiedeln und nicht weiter zu betrachten. Aufgrund der im Rahmen eines EEG messbaren Schwingungsfrequenzen des menschlichen Gehirns ist es möglich, fünf unterschiedliche Ebenen oder Zustände eindeutig zu identifizieren. Diese möchte ich nun näher beschreiben und als Basis für die Übungen, Methoden und Ansätze des SMPLT ausführen, da unterschiedliche Methoden auf unterschiedlichen Bewusstseinsebenen basieren.

Es ist mir aber wichtig, darauf hinzuweisen, dass diese Zustände nicht allein und klar voneinander abgrenzbar auftreten, sondern im normalen Leben immer in Kombination vorliegen und das Geheimnis eines angenehmen Daseins in einem ausgewogenen Verhältnis der Bewusstseinsebenen liegt.

- **Alphazustand:** Dieser Zustand findet sich normalerweise als Übergang zwischen dem Wachen (Betazustand) und dem Schlafen (Thetazustand). Sie haben also zwei Mal pro Tag die Möglichkeit, diesen Zustand zu erleben – beim Aufwachen und beim Einschlafen. Je nach persönlicher Veranlagung und Umgebung kann dieser Zustand nur Sekundenbruchteile dauern (wenn man beispielsweise vom Wecker aus dem Tiefschlaf geholt wird) oder auch deutlich länger (wenn man beispielsweise am Sonntagmorgen bewusst zwischen Wachsein und Schlaf dösen kann).

Dieser Zustand ist durch ein EEG-Schwingungsspektrum zwischen 8 und 13 Hertz gekennzeichnet und für unsere Zwecke bedeutend, da Sie in diesem Zustand einerseits bereits Zugang zur rechten Gehirnhälfte erlangen können, also verstärkt auf die Informationen des Unterbewusstseins zurückgreifen können, andererseits ist der Zugriff auf die Sinneseindrücke bereits stark reduziert, aber noch möglich und führt zu leichter Entspannung. Bei einer bewussten Herangehensweise lässt sich mit diesem Zustand sehr gut arbeiten, da er Elemente aus beiden Funktionskreisen des Gehirns verbindet.

- **Betazustand:** Diese Bewusstseinsebene kennzeichnet das „normale" Wachbewusstsein, in dem Sie nicht nur einen Zugriff auf alle Sinnesorgane und Sinneseindrücke haben, sondern auch Entscheidungen und willentliche Handlungen möglich sind. Die obere Grenze dieses Bereiches zeigt eine Frequenz von 40 Hertz und wird in Situationen großer Gefahr oder bei großem Schmerz erreicht. Interessanterweise bewegen sich Menschen, welche Stress-Symptome (permanente Alarmbereitschaft) zeigen, bereits sehr nahe an diesem Wert, noch ohne einem besonderen Schmerz oder Gefahr ausgesetzt zu sein. Wohin das führt, wenn ein solcher Mensch mit zusätzlichen starken Schmerzen umgehen muss, kann sich der geneigte Leser selbst ausmalen. Die untere Grenze sind 13,5 Hertz – dies ist die Schranke, bis zu der die Sinne und auch das Bewusstsein (noch) voll aufnahmefähig sind. Ein weiteres Absinken, egal ob durch Übung und Entspannung oder durch biologische Vorgänge, führt Sie in den Alphazustand.

- **Gammazustand:** Der Gammazustand wurde zuletzt entdeckt und lange Zeit ausschließlich mit pathologischen Befunden assoziiert. Man dachte nicht, dass ein gesunder Mensch diesen Zustand erreichen kann. Der Schwingungsbereich, welcher aus dem EEG abgeleitet werden kann, liegt zwischen 40 und 80 Hertz, also noch deutlich über dem beschriebenen Stress-Pegel des Betazustandes. Weitestgehend stimmt das auch – im normalen Alltagsleben tritt man nicht in diesen Zustand ein, wenn er auftritt, liegt üblicherweise ein Krankheitsfall vor.

In einer umfassenden Studie, in welcher meditierende buddhistische Mönche mittels Magnetresonanz und EEG während der Meditation vermessen wurden, konnten bei weit fortgeschrittenen Meditierenden in Phasen hoch fokussierter Achtsamkeit deutliche Schwingungen und somit bewusste Aktivitäten in diesem Spektrum festgestellt werden. Die aktuelle Forschung geht davon aus, dass diese Frequenz eine Synchronisation der unterschiedlichen Hirnareale anzeigt und stark mit mystisch/spirituellen Erfahrungen[3] bzw. Ängsten[4] zusammenhängt. Eine Nebenbemerkung kommt aus der Erforschung von Spitzenleistungen im Sport, welche ebenso mit diesem Zustand in Verbindung stehen.

- **Thetazustand:** Dieser Zustand ist weithin als das Land des Schlafens und Träumens bekannt. Die messbare Schwingungsfrequenz im EEG liegt zwischen 3,5 und 7,5 Hertz. Im Traum wird die rechte Gehirnhälfte stark tätig – Träume sind Stoff (Erfahrungen, Gedanken), der einer Behandlung bzw. einer geistigen Auseinandersetzung bedarf. Aber im Gegensatz zum Alphazustand besteht hier deutlich weniger bewusste Einflussmöglichkeit, Träume erlebt man zumeist als nicht steuerbar. Eine Ausnahme stellt das tibetische Traumyoga bzw. luzide Träumen dar, in welchen versucht wird, sich auch diesen Zustand zu Nutze zu machen und damit zu arbeiten. Aber diese Methode bedarf ausdauernder Übung und kommt daher für unsere Zwecke nicht in Betracht.
  Diesen Zustand erreicht man neben dem Schlaf auch bei sehr tiefer Entspannung, außerdem finden sich langjährige Meditierende oftmals in diesem Schwingungsbereich wieder.
  Der bekannte Zustand der allgemeinen Hypnose bzw. Trance[5] befindet sich genau im Übergangsbereich vom Alpha- zum Thetazustand.

- **Deltazustand:** Es handelt sich um einen Zustand, welchen man im Normalfall, mit Ausnahme des Tiefschlafes, nicht anstrebt. Der (noch) messbare Schwingungsbereich des EEG liegt zwischen 0,1 und 3 Hertz. Dieser Zustand ist bei folgenden Gegebenheiten nachweisbar:

  o **Klinisch Tote:** Menschen, welche bereits klinisch tot sind (kein Herzschlag, keine Atmung feststellbar), und ggf. sogenannte Nahtoderfahrungen, befinden sich in diesem Bewusstseinszustand. Dabei ist zu sagen, dass dieser Zustand „normal" im Sterbeprozess

---

[3] Beispielsweise werden Zustände wie hohe Konzentration, Transzendenz, Verschmelzen, universelles Wissen und Ichlosigkeit in den Studien angeführt.

[4] Die meditativen Erfahrungen der sog. „dunklen Nacht" könnten sehr eng mit diesem Bewusstseinszustand in Verbindung stehen.

[5] Eine sogenannte meditative Vertiefung unterscheidet sich von der Trance auf der Ebene der Bewusstseinszustände als eine meditative Vertiefung eine Kombination aus Theta und Gammazustand repräsentiert.

auftritt, aber in dem Fall, wenn Menschen aus diesem Zustand wieder zurückkamen, dieser Prozess aus verschiedensten von außen einwirkenden Gründen unterbrochen wurde.

- o **Nirodha-Zustand:** Dabei handelt es sich um einen meditativen Zustand, welchen ausschließlich erleuchtete buddhistische Meister (sogenannte Arahants) bewusst herbeiführen können. Rein äußerlich bzw. physisch entspricht dieser Zustand dem klinischen Tod (es ist kein Herzschlag, Kreislauf oder Atem mehr messbar), aber mit dem Unterschied, dass dieser Zustand gesteuert herbeigeführt ist und gesteuert wieder beendet werden kann.

- o **Begrabene Yogis:** Die Beschreibungen von indischen Yogis, welche sich für längere Zeit begraben lassen, entsprechen über weite Strecken dem zuvor beschriebenen Nirodha-Zustand. Auch diese Yogis rufen den Zustand bewusst hervor und halten ihn für eine gewisse Zeit aufrecht. Der Unterschied liegt in der Zeitdauer – während Nirodha nicht länger als einige Tage dauert, befinden sich die begrabenen Yogis z.T. mehrere Wochen in dem Zustand.

- o **Extremer Tiefschlaf:** In Schlaflabors hat man festgestellt, dass die meisten Menschen zumindest kurzzeitig im Tiefschlaf (REM-Phasen) ebenfalls in diesen Bereich eintreten, oft ohne es zu bemerken. Der poetische Name des kleinen Todes für den Schlaf ist also gar nicht so abwegig, wie sich zeigt.

Der menschliche Körper

Über den menschlichen Körper werde ich in diesem Buch nicht viele Worte verlieren. Es gibt eine Reihe von Ratgebern und Werken, welche den Körper und seine Funktionsweise genau beschreiben. Wenn Sie diesbezüglich weiteres Interesse haben, so bitte ich Sie, dort weiterzulesen.

In diesem Abschnitt möchte ich lediglich jene Themen kurz anschneiden, welche für das SMPLT relevant sind, konkret den Stress und seine Auswirkungen sowie mehr oder weniger umfangreiche traumatische Erfahrungen, welche unser Dasein sehr umfassend prägen.

Wenn Sie auch an den bedeutenden Vorgängen im Gehirn interessiert sind, können Sie über die relevanten Strukturen und Prozesse im Anhang dieses Buches nachlesen.

Physische Konsequenzen von „Stress"

Die körperlichen Konsequenzen von Stress bis hin zum Burnout wurden bereits oft beschrieben (eine vertiefende Darstellung können Sie in LYON & SCHINAGL 2016 finden) und bedürfen keiner weiteren Darstellung an dieser Stelle. Zusammenfassend kann man sagen, dass sich die Konsequenz in Form einer sogenannten SNS/HPAA[6]-Stimulation manifestiert, welche sich in unterschiedlichen Körperregionen wie folgt zeigt:

- Generell kann sich Stress sehr rasch im **Verdauungstrakt** zeigen. Das reicht von kurzfristigen Reaktionen wie Durchfall oder Darmträgheit über mittelfristige Krankheiten wie einen Katarr und kann sich bei sehr langer Dauer in Geschwüren und anderen Magen/Darmkrankheiten manifestieren, welche auch nach Ende der Stress-Exposition bestehen bleiben. Das Bauchgefühl ist ein guter subtiler Stress-Indikator.

- Das **Immunsystem** reduziert unter Stress-Einwirkung seine Aktivität, was sich beispielsweise in einer gesteigerten Verkühlungstendenz und einer Neigung zur Grippe zeigt. Ebenfalls ein typisches Stress-Zeichen ist eine langsamere Wundheilung, die Anfälligkeit für Infektionen steigt an. Manche Forscher gehen sogar so weit, die Wahrscheinlichkeit einzelner Krebsarten mit spezifischen Typen von Stress zu assoziieren.

- Im Bereich des **Herz/Kreislaufsystems** ist bereits länger bekannt, dass Stress zu Arterienverhärtung, einer beeinträchtigten Herzvariabilitätsrate (HVR) und damit mittelfristig zu einem höheren Infarktrisiko führen kann.

- Das **endokrine System** wird durch Stress ebenso negativ beeinflusst, was sich in einem gehäuften Auftreten von Typ II-Diabetes, dem prämenstruellen Syndrom, geringerer Libido und Erektionsproblemen zeigen kann.

- Auf wiederholten Stress reagiert der menschliche Körper mit einer Schrumpfung der **Milz** und der **Thymusdrüse** sowie der **Lymphknoten**.

---

[6] Sympathisches Nervensystem.

Mentale Konsequenzen von Stress

Die körperlichen Auswirkungen von dauerhaftem Stress bahnen sich über energetische und chemische Regelbahnen sowie komplexe Steuerungsmechanismen ihren Weg von der äußeren Körperlichkeit in die innere Welt und beeinflussen so auch in der folgenden Art die mentale Ebene der Persönlichkeit, welche dem Stress ausgesetzt ist:

- **Diffuse Ängstlichkeit:** Die Amygdala wird als Folge von Stress anfälliger für wahrgenommene Bedrohungen *(implicit memory)*, der Hippocampus hingegen wird durch Stress in seiner Wirkung gedämpft *(real memory)*. Der Effekt dieser beiden gemeinsam stattfindenden Vorgänge ist das resultierende Gefühl: „Etwas ist passiert, das mich ängstigt, aber ich bin nicht sicher, was." Diesem durch Stress erzeugten Geisteszustand ist sehr schwer beizukommen, da die Angst in dem Fall nicht konkret an einer auslösenden Situation oder Bedrohung festgemacht werden kann und somit kaum greifbar ist.

- **Depressive und/oder aggressive Stimmung**: Der Dopaminspiegel im Blut sinkt als Folge von Stress und führt entweder zu depressiven oder fahrigen und aggressiven Verhaltensweisen, welche einander abwechseln können.

- Menschen, welche unter Stress stehen, haben oftmals ein Problem, **grundlegende Rhythmen** einzuhalten (Ess-, Schlafrhythmus) und bewirken auf diese Weise eine weitere Schwächung des Körpers.

Auswirkungen von Traumata auf der körperlichen Ebene

Als Trauma werden die körperlichen und geistigen Auswirkungen von erlebten extremen Situationen bezeichnet. Das können beispielsweise Naturkatastrophen, ein Unfall, Vergewaltigung, Entführung oder das Miterleben extremer Gewalt sein. Aber auch das Erleben von Hilflosigkeit und ein Gefühl von Ausgeliefertsein können ein Trauma auslösen. Was von einem Menschen als traumatisch wahrgenommen wird, ist höchst unterschiedlich und subjektiv. Zumeist ist eine Komponente des Ausgeliefertseins, des Nicht-Handeln-Könnens und der Hilflosigkeit damit verbunden. Daher tragen die meisten Menschen mehr (kleine) Traumata mit sich, als sie denken, da viele Erlebnisse der Kindheit und Jugend rückblickend betrachtet unbedeutend sind, im tatsächlichen Erlebnis aber als Trauma im Gehirn abgelegt wurden.

Auf der körperlichen Ebene zeigen sich unterschiedliche Auswirkungen, welche als Posttraumatischer Stress oder Posttraumatische Belastungsstörung (PTBS) beschrieben werden. Das kann sich beispielsweise in Ein- und Durchschlafstörungen, Reizbarkeit, Wutausbrüchen oder einem extremen Rückzug und Flashbacks in bestimmten Situationen bemerkbar machen. Vor allem bei länger zurückliegenden Traumata zeigen sich nach wie vor Symptome, die Erinnerung an das Trauma als Auslöser ist hingegen bereits verblasst und nur schwer greifbar.

Wie sich gezeigt hat, kann die intensive Nachsorge bei extremen Ereignissen (z.B. bei Unfällen, Katastrophen) das Auftreten solcher Zustände deutlich senken bzw. die Intensität der folgenden Belastungen senken. Institutionalisiert wurde dieses Vorgehen im CISM (**C**ritical **I**ncident **S**tress **M**anagement).

Wobei kann Sie SMPLT unterstützen?

Sobald es darum geht, eine Menschengruppe zu adressieren, welche überwiegend führende oder leitende Aufgaben inne hat, stolpert man über eine große Bandbreite von Begriffen, welche scheinbar ungebremst neu entstehen, um diese Personengruppe zu definieren. Früher sprach man von Führungskräften, später wurde der Begriff Manager in diesem Kontext modern und heute ist es State of the Art, von Leadership zu sprechen. Und wer weiß, welcher neue Begriff demnächst verwendet wird?

In diesem Buch möchte ich den Adressatenkreis sehr weit ziehen und nicht über eine fachliche Definition beschreiben, um wen es sich handelt. Ich werde die Aufgaben und Herausforderungen, welche sich im Themenkreis Führung finden, darstellen und Ihnen so ein Gefühl dafür geben, was Leadership im Verständnis dieses Buches ist, wer sich wann und wie in dieser Rolle wiederfinden kann und bei der Ausübung seiner/ihrer Tätigkeiten vom SMPLT profitieren kann. Mit dieser Beschreibung werden Sie selbst feststellen können, inwieweit Leadership ein Bestandteil Ihres Lebens ist und aus welchen Quellen die eine oder andere Herausforderung Ihrer Aufgaben resultiert.

Definition einer Führungskraft

Wie bereits angekündigt, definiere ich eine Führungskraft − auf welche sich dieses Programm bezieht − nicht über eine Position in einem Unternehmen oder einer anderen sozial-hierarchischen Einheit, nicht über den Titel und auch nicht über das Budget, über welches er oder sie verfügt. Eine Führungskraft ist man meines Erachtens nicht 24 Stunden am Tag, auch wenn manche Menschen genau das versuchen und sich damit selbst in Richtung eines Burnouts manövrieren.

Eine Führungskraft ist man meiner Definition nach zu einem bestimmten Zeitpunkt, wenn man, ausgelöst durch innere oder äußere Faktoren, Verantwortung tragen muss, entscheiden kann, Kreativität benötigt, kommunizieren, verhandeln, abwägen und priorisieren muss.

Die Führungsaufgabe ist weder das Privileg einer Berufs- oder Personengruppe noch ist sie eine altersabhängige Aufgabe. Jeder Mensch muss das eine oder andere Mal eine unterschiedlich große Führungsaufgabe übernehmen − egal ob Manager, Hausfrauen, Schüler, Politiker, Arbeiter oder Angestellte. Es gibt immer Situationen, in denen die oben genannten Anforderungen und damit auch die damit verbundenen Herausforderungen anstehen. Genau in diesen Situationen soll Ihnen das SMPLT eine Hilfestellung geben, damit Sie diese Aufgaben bestmöglich für Sie erfüllen können.

Verantwortung einer Führungskraft

Einer Führungskraft wird als eine der Kernaufgaben das Tragen von Verantwortung zugeschrieben. Worin diese Verantwortung konkret besteht bzw. wofür man die Verantwortung trägt, wird in der Fachwelt kontroversiell diskutiert und unterschiedlich gesehen. Und doch ist die Verantwortung eines jener Dinge, welche sich als Herausforderung in der täglichen Führungsarbeit zeigen.

In der Wirtschaft, aus welcher der Begriff der Führungskraft stammt, würde man im ersten Schritt wohl einmal die Verantwortung für ein Projekt oder generell für einen Betrieb anführen. Aber was ist in diesem Kontext ein Projekt?

Für diesen Begriff gibt es ebenfalls zahllose Definitionen und ganze Berater- und Ausbildungszweige basieren darauf, ihre Sichtweise zu lehren, was ein Projekt ist. Für die Zwecke dieses Programmes reicht aber eine viel einfachere Definition aus. Ein Projekt ist ein Bündel an Maßnahmen, um in einem abgegrenzten Zeitraum ein gestecktes Ziel zu erreichen. Ein Projekt kann eine unternehmensmäßig große Aufgabe wie die Einführung eines neuen Produktes ebenso sein wie das Vorhaben eines Schülers, die anstehende Prüfung erfolgreich zu bestehen.

Für ein solches Projekt übernimmt man als Führungskraft Verantwortung. Das ist noch immer zu wenig greifbar, also ist es nötig, die einzelnen „Bestandteile" eines Projektes anzusehen. Was wird in einem Projekt eingesetzt? Neben den geistig-intellektuell-kreativen Anteilen, welche in späteren Kapiteln dieses Buches angesprochen werden, sind das vor allem (materielle) Güter, Ressourcen, Geld und Menschen.

Die Verantwortung für Ressourcen ist klarer greifbar. Als Führungskraft und generell als Mensch sind Sie dafür verantwortlich, welche und wie viele Ressourcen Sie zur Erreichung Ihrer Ziele einsetzen. Sie können aus verschiedenen Ressourcen wählen bzw. müssen priorisieren, was Sie einsetzen wollen. Genau diese Auswahl ist es, für die Sie Verantwortung übernehmen können. Sobald Sie eine Entscheidung getroffen haben, müssen Sie wohl oder übel die Verantwortung dafür übernehmen. Ob die Entscheidung gut oder schlecht war, ist dabei irrelevant – Sie müssen dafür dennoch einstehen.

Der Buddhismus, auf dem dieses Programm basiert, ist hier sehr klar: Im Gesetz von Ursache und Wirkung (auch als Karma bekannt) wird postuliert, dass jede Tat, jede Entscheidung, die Sie treffen, auf Sie zurückfällt und Sie der Tatfolge nicht entgehen können – also in letzter Konsequenz die Verantwortung übernehmen müssen.

Wie Sie vielleicht schon richtig erkannt haben, gilt die Frage der Verantwortung immer und für alle Menschen. Jede Aktion, die Sie setzen, liegt in Ihrer Verantwortung – in jeder Situation und Lebenslage. Klar ist aber auch:

Wenn Sie in einer Situation keine Auswahlmöglichkeiten haben,[7] so müssen Sie in diesem Fall keine Verantwortung übernehmen. Das entbindet Sie aber nicht von der Verantwortung für das Gesamte.

Neben der Auswahl, welche Ressourcen Sie einsetzen wollen, tragen Sie als Führungskraft auch Verantwortung für die Menge der eingesetzten Ressourcen. Wie verschwenderisch oder sparsam Sie mit den gewählten Ressourcen umgehen, ist ein Thema, das Sie verantworten müssen – egal ob gegenüber einem Auftraggeber oder ihrem eigenen Gewissen gegenüber. Dieser Punkt ist vor allem beim Verbrauch natürlicher Ressourcen sehr stark mit dem Thema Umweltschutz verbunden und findet sich im Konzept des ökologischen Fußabdruckes wieder.

Das nächste Objekt (vor allem im Geschäftsleben), für welches Sie als Führungskraft Verantwortung tragen können, ist Geld. Aber sehen Sie genauer hin – Geld ist eigentlich nur eine weitere Art von Ressource, auch wenn ihm aufgrund der universellen Einsetzbarkeit oft ein viel bedeutenderer Platz zugewiesen wird. Also sollten Sie auch Geld genau wie jede andere Ressource betrachten und behandeln.

Die letzte, aber bedeutendste Verantwortung, welche Sie als Führungskraft tragen, ist jene für Menschen. Es gibt eigentlich kaum eine Aufgabe, kaum eine Entscheidung, in welcher nicht andere Menschen von Ihren Entscheidungen betroffen sind. Sei es, dass diese Menschen mit Ihnen oder für Sie arbeiten, oder aber, dass Menschen von den Folgen Ihrer Handlungen betroffen sind. Insbesondere die Menschen, mit denen Sie in Projekten zu tun haben, sind mehr als Ressourcen, auch wenn im Wirtschaftsleben oft die Tendenz besteht, sie zu versachlichen. Es sind Individuen und nicht, wie oft angesprochen, Humankapital. Wie Sie mit Menschen bei der Erreichung Ihrer Ziele umgehen und dabei agieren, ist die herausforderndste Form der Verantwortung. Und das nicht nur wegen der anderen Menschen, sondern auch wegen der Rückwirkung

---

7 Wobei Sie in der Situation gut genug betrachten müssen, ob es tatsächlich keine Alternative gibt (dafür üben Sie in späteren Schritten die Achtsamkeit).

auf Sie selbst. Der Buddha hat bereits dargelegt, dass ein Glück, das auf dem Unglück anderer Wesen beruht, nie stabil und von Dauer sein kann.

Vor dem Hintergrund dieser Aussage könnte man nun natürlich verleitet sein, eine Art Verantwortung für die ganze Welt übernehmen zu wollen. Schließlich sind, wenn man es genauer überlegt, von Ihren Taten enorm viele Menschen betroffen. Aber hier muss man Vorsicht walten lassen und weise entscheiden – bis zu einem gewissen Grad können und sollen Sie die Verantwortung für andere tragen, aber diese Menschen müssen auch Verantwortung für sich selbst tragen. Man kann nur für das eigene Glück die Verantwortung übernehmen, bei anderen kann man maximal die Verantwortung für die (geeigneten) Rahmenbedingungen übernehmen. Die Grenze zwischen diesen beiden Bereichen zu finden ist herausfordernd, und mit dem SMPLT versuche ich, Ihnen Hilfsmittel zu geben, um diese Unterscheidung besser treffen zu können.

Führen

Im Begriff Führungskraft ist die Kernaufgabe der Rolle – die Führung – bereits im Wortstamm enthalten. Eine Führungskraft muss eine Vorausposition übernehmen und ein Thema und/oder Menschen anführen. Ob Ihnen diese Rolle dabei auf formelle oder informelle Art zufällt, ist für die weitere Betrachtung kaum relevant.

Die formelle Hierarchie ist durch ein ökonomisches oder gesellschaftliches Konstrukt vorgegeben. Wenn Sie in Ihrem Unternehmen eine sogenannte leitende Position innehaben, so wird Führungskompetenz von Ihnen erwartet, ebenso müssen Sie führen, wenn Sie eine gesellschaftliche Rolle übernehmen, beispielsweise Vater oder Mutter als das „Oberhaupt" einer Familie. Einige dieser Führungsrollen können Sie bewusst erreichen oder auch inhaltlich verändern (z.B. berufliche Positionen), andere hingegen müssen Sie ausfüllen, so gut es geht, diese können Sie nicht ablegen (z.B. die Rolle einer Mutter) und nur in einem eingeschränkten Rahmen verändern. Insbesondere für die zweiteren Rollen gilt der Rest dieses Kapitels nur in eingeschränkter Weise. Die natürliche bzw. informelle Hierarchie ergibt sich dort, wo aufgrund einer Situation eine Führungsaufgabe nötig ist, ohne dass eine formelle Hierarchie besteht oder definiert wurde[8]. Diese informellen Hierarchien sind durch soziale

---

8 Ein bekannter Spezialfall ist die parallele Existenz dieser beiden Systeme, welche oft auftritt, wenn die formelle Hierarchie zu schwach oder nicht anerkannt ist. Hier bestehen beide Systeme und interagieren miteinander oder gegeneinander, was die Betrachtung und das richtige Verhalten in einer solchen Situation für alle Beteiligten schwer durchschaubar macht.

Strukturen und Abhängigkeiten gekennzeichnet und zeigen sich im Zeitverlauf meist instabiler (was aber nicht so negativ ist, wie es klingt). Eine informelle Führung wird häufiger durch die geführten Menschen in Frage gestellt und kann sich laufend verändern – das liegt in der Natur der Sache und stellt die Agilität und Reaktionsfähigkeit des Systems sicher.

Führen kann man meines Erachtens nicht lernen, wenn man die dafür nötigen Anlagen nicht besitzt. Auch wenn es entsprechende Trainings wie Sand am Meer gibt, bin ich der Meinung, dass diese zwar nützliche Techniken und Werkzeuge vermitteln können, aber nicht dazu geeignet sind, intuitives und situatives Führen zu beherrschen, wenn man nicht bereits eine entsprechende Veranlagung aufweist. Die Fähigkeit, Menschen zu führen, egal ob über Begeisterung oder über ggf. nötigen Druck, ist, wenn schon nicht angeboren, dann zumindest bereits im frühen Alter erlernt und geprägt. Manche Menschen können mit dem kleinen Finger führen, ohne je ein Training besucht zu haben, und andere scheitern, obwohl sie alle Zertifikate und Prüfungen des Bereiches innehaben.

Es ist daher angebracht, sich selbst aufrichtig und ehrlich zu beobachten – wie gehen Sie mit Führung um, liegt es in Ihrem Naturell oder ist es mühsam und holprig?

Egal wie diese eigene Bewertung ausfällt – keine ist besser oder schlechter. Wichtig ist, Ihre eigenen Fähigkeiten, Ihr Naturell zu kennen und Ihre weitere berufliche und gesellschaftliche Entwicklung entsprechend auszurichten. Wenn Ihnen Führung nicht liegt, so gibt es genügend Möglichkeiten, Aufgaben anzustreben, welche diesen Aspekt Ihres Könnens weniger fordern, ohne weniger wert zu sein.
In der idealen Form der Führung merken die geführten Personen gar nicht, wie sie geleitet werden. Über die Auswahl von Personen für Aufgaben, Motivation

und das Setzen von Akzenten sowie einen großen Freiraum bewegen sich die Menschen genau in die gewünschte Richtung. Auch wenn dieses große Ideal nur schwer erreichbar scheint, sollte diese Form zumindest als Zielzustand angesehen werden.

Eine besondere Herausforderung ist es, die klare Unterscheidung zwischen Situationen, in denen zu führen ist, und jenen, in denen man sich führen lassen soll, zu treffen. Allzu oft verfallen Führungskräfte, insbesondere wenn sie das bereits einige Zeit machen, in den Fehler, **immer** zu führen, und sie versuchen, dies dauerhaft bzw. auch in Bereichen zu tun, in welchen sie gar nicht kompetent sind.

Echte Führung bedeutet, dort Initiativen zu setzen, wo Sie es durch Ihr Können, Ihre Möglichkeiten und Ihre Verantwortung anderen gegenüber tun sollen. In Situationen, wo dies nicht der Fall ist, sei es, dass es einen „besseren" Führer gibt oder Sie einfach zu wenig über das anstehende Problem wissen, ist es eine sehr weise, persönlich entlastende und sozial hoch integrative Entscheidung, einmal nicht zu führen, sondern sich ganz bewusst führen zu lassen. Insbesondere wenn Sie diese Entscheidung klar kommunizieren, kann dies einen großen Vertrauensbeweis der neuen Führungskraft gegenüber darstellen und ihm/ihr ermöglichen, mit einem guten Rückhalt diese Rolle auszufüllen.

Diese Entscheidung wird viel zu selten getroffen und es resultieren daraus Stress und Überforderung auf der persönlichen Ebene oder aber schlechte Entscheidungen und soziale Unzufriedenheit auf der betrieblichen bzw. gesellschaftlichen Ebene. Ein wichtiger Schritt im SMPLT wird daher die Beobachtung sein, wann Führung von Ihnen tatsächlich gefordert ist und wann sie einmal die Vorteile genießen können, die die Situation mit sich bringt, geführt zu werden.

Abschließend ist es mir noch wichtig, Sie darauf aufmerksam zu machen, dass Führung nicht mit Kontrolle verwechselt werden sollte. Der Aspekt, Ziele oder Aufgaben auf ihre Erfüllung zu prüfen, stellt nur einen geringen Anteil der Führungsaufgaben dar.

Entscheiden

Eines der Grundprobleme, welche untrennbar mit Leadership-Aufgaben verbunden sind und daher im Fokus dieses Programmes liegen, besteht darin, dass Entscheidungen getroffen werden müssen. Das Berufsbild einer Führungsperson beinhaltet das Treffen von Entscheidungen mehr oder weniger großen Ausmaßes; je höher die eingenommene Position, desto gewichtiger sind naturgemäß die zur Entscheidung anstehenden Fragen und Aufgabenstellungen. Entscheidungen, welche nur eine geringere Tragweite oder Brisanz aufweisen, wurden bereits von anderen, meist untergeordneten Personen[9] getroffen, also verbleiben meist genau jene Entscheidungen bei Ihnen, der Führungskraft, welche nicht bereits durch andere Personen gelöst werden konnten.

Um eine Entscheidung zu treffen, bereiten Sie sich normalerweise so gut es Ihnen möglich ist vor. Sie holen Fachmeinungen ein, recherchieren im Internet, Sie versuchen alle nur erdenklichen Fakten zusammenzutragen, um Ihre Entscheidung gut fundiert treffen zu können. Dieser Ansatz hilft Ihnen dabei, die einer anstehenden Entscheidung inne liegende Unsicherheit einzugrenzen. Im Idealfall liefert Ihnen dieses Vorgehen auch die für die Entscheidung nötigen Parameter, aber entspricht die Realität nicht Ihrem Ansinnen. Der Termindruck bei einer anstehenden Entscheidung kann Sie dazu zwingen, eine Entscheidung zu treffen, obwohl noch nicht alle Fakten in ausreichender Qualität auf dem Tisch liegen. Oder es tritt die Situation ein, dass zwar alle verfügbaren Fakten auf dem Tisch liegen, aber diese trotzdem nicht geeignet sind, eine eindeutige und abgesicherte Entscheidung zu treffen.

---

[9] Es kann aber auch der umgekehrte Fall eintreten, dass manche Entscheidungen, welche über Ihrem Niveau liegen, bereits durch Stellen über Ihnen (beispielsweise eine Konzernleitung) getroffen wurden und sich somit Ihr Entscheidungsspielraum in zwei Richtungen abgrenzt.

In solchen Momenten muss der Weg, wie es zu einer Entscheidung kommt, um die Intuition, das Bauchgefühl erweitert werden – vor allem wenn Ihre Entscheidung unumgänglich ist. Die Kultivierung dieses Bauchgefühls als hilfreicher Entscheidungsfaktor ist meist gering ausgeprägt und benötigt Training und Übung, damit Sie es klar wahrnehmen und für sich nutzen können.

Egal auf welche Weise Ihre Entscheidung letztlich zustande gekommen ist, früher oder später meldet sich nach einer gefällten Entscheidung ganz sicher der Zweifel. Besonders nach Entscheidungen mit einem hohen Grad an intuitiven Einflussfaktoren wird er erfahrungsgemäß präsenter sein. Aber selbst bei gut fundierten Entscheidungen beginnt der Geist über kurz oder lang *Was-wäre-wenn*-Fragen zu stellen und die bereits getroffene Entscheidung kritisch zu hinterfragen. Vor allem im Lichte eines neuen Erkenntnisstandes – seit Ihrer Entscheidung ist bereits Zeit vergangen und damit hat sich Ihr Wissensstand verändert – können sich starke Zweifel manifestieren.
Sie sehen, dass der Stress nicht mit der Entscheidung wegfällt, sondern noch lange danach weitergeht, falls Sie sich nicht mit diesen Gedanken auseinandersetzen. Selbst eine Steigerung der Stress-Situation, die bis zu Angst und Panikzuständen gehen kann, ist nach einer Entscheidung möglich.

Der Umgang mit dem Entscheidungsprozess selbst und vor allem der Umgang mit der Situation nach einer Entscheidung ist ein bedeutender Baustein des SMPLT und wird in den Folgekapiteln behandelt.
Diese Problemstellung, eine Entscheidung zu treffen, ist in allen Lebenslagen gleich. Auf den ersten Blick mag es zwar so erscheinen, dass eine Business-Entscheidung, welche Millionen von Euro bewegt oder das Leben von tausenden Personen betrifft, schwerer zu treffen ist als jene, was man beispielsweise am Abend noch unternehmen möchte.
Aber Sie kennen es sicher aus Ihrem engsten Umkreis. Auch scheinbar banale und nichtige Entscheidungen können in kleinen oder größeren Dramen ausarten und große Gewissenskonflikte, Unsicherheit und Zweifel nach sich ziehen.
Die Mechanismen, sich entscheiden zu müssen, sind überall die gleichen. Der Kern des Problems liegt nicht darin, sich für eine Option zu entscheiden, sondern eine oder mehrere alternative Optionen dazu loslassen zu müssen. Insofern sind auch die Lösungsansätze, die später präsentiert werden, auf die Thematik des Loslassens ausgerichtet und so für alle Entscheidungen gut geeignet. Egal was der Inhalt Ihres Entscheidungsproblems ist – die Lösungen sind für alle gut geeignet.

Verhandeln

Eine weitere Herausforderung in der Führungsarbeit liegt darin, dass es Situationen gibt, in welchen die Wünsche, die Sie als Führungskraft verfolgen müssen, und die Wünsche anderer Menschen nicht übereinstimmen. In solchen Fällen ist es nötig, zu verhandeln oder Macht zur Anwendung zu bringen.

Bei ersterem handelt es sich aber nicht immer um eine formelle Verhandlung in einem Besprechungsraum, sondern um eine tagtägliche Aufgabe, welche nicht immer von Angesicht zu Angesicht stattfinden muss, sondern dank der elektronischen Kommunikationsmedien sowohl zeitlich als auch räumlich entkoppelt sein kann. Immer wenn zwei unterschiedliche Positionen bzw. Ziele vorliegen, muss verhandelt werden, falls nicht gerade eine Befehlshierarchie gegeben ist, welche die Verhandlung ersetzt. Derartige Situationen in einer heilsamen Weise zu meistern, ist für das Leadership-Programm ebenfalls bedeutend.

Es soll aber nicht unerwähnt bleiben, dass es in besonderen Situationen nötig ist, Verhandlungen hintanzustellen und ganz klar über (zuvor) definierte Hierarchien zu führen. Als Beispiele könnten hier ein General bei militärischen Operationen oder ein Chirurg im Operationssaal dienen. Um kritische Situationen bestmöglich zu meistern, ist eine in der Situation eindeutige und unwidersprochene Führung nötig. Der Fehler, der hier oft passiert, ist, dass sich sowohl Führende als auch Geführte in der Situation nicht von ihrer Rolle lösen können und auch dann, wenn es nicht mehr nötig ist (wenn also Zeit und Raum für Verhandlungen vorhanden wären), die Hierarchie wirken lassen. Das beeinträchtigt sowohl das soziale Gefüge, das Potential der Gruppe als auch den Stress-Zustand des Führenden.

Mit dem Verhandeln ist eine bedeutende Aufgabe einer Führungskraft verbunden: Sie müssen eine Position einnehmen. Zum Zeitpunkt einer Verhandlung müssen Sie Ihre Startposition, Ihre Ansichten und auch Ihr Wunschergebnis definieren. Hierin liegt ein großes Optimierungspotential, denn zu oft geht man ohne eine klare Position in eine Verhandlung. Hier scheitert man, da man Verhandlungssituationen übersieht und gar nicht bemerkt, sich darin zu befinden.

Ganz wichtig ist es aber, diese Position nicht als fest und eingemauert zu betrachten. So ist keine Verhandlung möglich – es wäre dann lediglich ein Austausch von Positionen. Und genau das ist die weitere Herausforderung – wenn Sie vorher schon schwer zu einer eigenen Position gefunden haben, dann müssen Sie in der Verhandlung erst recht wieder davon abrücken und Kompromisse finden.

Und letztlich ist ein gutes Verhandlungsergebnis eines, das beiden Seiten erlaubt, das Gesicht zu wahren, ohne dass sich ein Teilnehmer übervorteilt fühlt – denn in einem solchen Fall ist die Verhandlung nicht abgeschlossen (man spricht eher von einem Waffenstillstand) und kann immer wieder, vor allem aber zum ungünstigsten Zeitpunkt aufflammen.

Noch ein Wort zum nahe verwandten Begriff Streit. Dabei handelt es sich um einen verbalen Konflikt von Überzeugungssystemen, dessen Zweck darin besteht, den anderen ins Unrecht zu setzen und Gründe dafür zusammenzutragen, warum es nicht funktionieren kann. Der Status des Streits ist zur Problemlösung nicht geeignet – dazu ist es nötig, wieder auf die Ebene der Verhandlung zurückzukommen. Ebenso müssen Sie ein wachsames Auge darauf haben, zu bemerken, wann sich eine Verhandlung in Richtung eines Streits hin entwickelt und dann, wenn nötig, eingreifen.

Kreativität

Das Thema Kreativität als eine Aufgabe für Führungskräfte ist einer wechselvollen Betrachtung unterworfen. Es gab Zeiten, in denen das Thema völlig negiert und ausschließlich Künstlern zugewiesen wurde, dann kamen wieder Zeiten, wo Kreativität als zentrales und unerlässliches Element des Führens deklariert wurde.

Ein gewisses Maß an Kreativität ist meines Erachtens unbedingt erforderlich, um Führungsaufgaben erfolgreich meistern zu können, daher sind im SMPLT auch Themen enthalten, welche verschiedene Ebenen der Kreativität ansprechen. Kreativität muss sich aber nicht zwingend in künstlerischer Tätigkeit oder anderen besonderen Eigenschaften eines Menschen zeigen. Kreativität ist auch nötig, um Lösungen und Alternativen im Kleinen zu finden. Die Kreativität ist es, welche Menschen befähigt, verschiedene mögliche Lösungswege für ein anstehendes Problem zu erdenken. Kreativität findet man nicht nur in Kunst und Kultur, sondern auch immer wieder als Basis der Organisation und Planung eines Menschen oder eines gesamten Unternehmens.

Je offener, unvoreingenommener und kreativer Sie den eigenen Geist arbeiten lassen können, umso mehr mögliche Alternativen und Lösungsansätze werden Sie vorfinden.

Kreativität kann man nur schwer erlernen, aber was Sie sich aneignen können, ist, das eigene kreative Potential, das jedem Menschen inne wohnt, besser nutzen zu können.

Im SMPLT lernen Sie neben den vielen Ansätzen, welche Ihnen sicher bereits bekannt sind, einen weiteren Weg kennen, um die Kreativität zu wecken – den leeren Geist.

Das Ziel eines achtsamen Managements

Ein für alle Menschen gültiges und zentrales Ziel ist auf den ersten Blick nicht definierbar, da das Ziel eines solchen Trainingsprogrammes für jeden und jede, welche/r es ausübt, auf einer individuellen Basis unterschiedlich ist. Jeder Mensch hat andere Ausgangssituationen, welche Potentiale oder auch Herausforderungen darstellen, jede und jeder hat unterschiedliche Stärken und Schwächen in sich und wird den persönlichen Idealzustand, den es zu erreichen gilt, anders beschreiben und definieren.

Und doch ist es möglich, dieses diffuse Ziel sogar mit wenigen Worten zu beschreiben: **innere Integrität**[10] – und zwar auf der physischen, mentalen und spirituellen Ebene.

Worum es sich beim Begriff Integrität genau handelt, werde ich in diesem Kapitel noch näher erörtern, wobei zuerst auf den Träger der Integrität, also die Person oder auch das Bewusstsein, eingegangen wird, um dann das Ziel an dieser Basis auszurichten.

Die Person, das Bewusstsein und das Ich

Die Basis dessen, woran wir die innere Integrität ausrichten, sind Persönlichkeiten, Menschen. Es geht somit einleitend darum, zu definieren, was wir in diesem Trainingsprogramm unter einer Person bzw. Persönlichkeit verstehen.

Zu diesem Punkt gibt es zwar eine Reihe psychologischer Definitionen, doch ich möchte auf den buddhistischen Ansatz der Persönlichkeitsdefinition zurückgehen, da uns diese Quelle klar darlegt, in welchen Bereichen Menschen nach Integrität suchen und sie auch finden können.

Eine Person ist gemäß der buddhistischen Lehre keine in sich abgeschlossen existierende Einheit, sondern ein lediglich momentan zusammenwirkendes und sich kontinuierlich veränderndes Konstrukt aus verschiedenen Bestandteilen (in Pali *Khanda* genannt), nämlich dem Körper, den Gefühlen, der Wahrnehmung, den Geistesformationen und dem Bewusstsein. Diese Definition ist wichtig, da man nicht von einer eigenständigen, fixen und dauerhaft bestehenden Einheit der Person ausgehen kann.

Wenn die Person so fix und stabil wäre, wie man üblicherweise annimmt, könnte man sich nicht weiterentwickeln und müsste Zeit seines Lebens auf der gleichen Ebene, in die man geboren wurde, verbleiben. Ausbildung oder Schule wäre in einem solchen Fall nicht möglich und nötig.

---

[10] Diese ist nicht mit der äußeren, gezeigten Integrität zu verwechseln. Diese Integrität (das Verhältnis von Worten und Taten) reflektiert zwar auch die innere Integrität, liegt aber nicht im Fokus dieses Buches.

Weiters legt Ihnen diese Gruppierung der Bestandteile der Persönlichkeit nahe, auf welchen Ebenen Sie üben können, damit es der ganzen Person besser geht.

- Der **Körper**: Alle Aspekte, welche Ihren Körper und sein Wohlbefinden betreffen, sind im physischen Bereich dieses Leadership-Programmes zu finden. Es geht beim Umgang mit dem Körper einerseits darum, ihn als die Basis aller anderen folgenden Bestandteile (die immer einen Körper brauchen, um zu existieren) so gut und leistungsfähig wie möglich zu erhalten, sowie die gegenseitige Beeinflussung von Körper und Geist möglichst effektiv zu nutzen, um das eigene Potential bestmöglich zur Anwendung zu bringen.

- Die **Grundgefühle,** als ein Teil dessen, was wir im Westen als Geist bezeichnen und damit ein Bestandteil der Persönlichkeit, werden über den mentalen Aspekt dieses Programmes angesprochen. Der bessere Umgang mit Ihren eigenen angenehmen und unangenehmen Gefühlen bewirkt einerseits einen geringeren Stress-Pegel und andererseits ergeben sich daraus neue Handlungsalternativen, wenn Sie klarer sehen und nicht so stark durch die Gefühle getrieben werden.

- Die **Wahrnehmung** und die **Geistesformationen** – also der Bereich, welcher die denkende Funktion des Gehirns beschreibt – werden ebenso über den mentalen Bereich dieses Programmes angesprochen. Wenn Sie verstehen, wie Ihre Wahrnehmung funktioniert, und Sie Ihren Gedankenstrom effektiver nutzen können, so haben Sie unmittelbar in Ihrem täglichen Leben etwas davon. Nicht nur werden Sie tendenziell ruhiger und gelassener und sehen Ihre Chancen und Möglichkeiten – nein, auch die Aufgaben, die Sie täglich erledigen müssen, gehen besser von der Hand, wenn der Geist optimal funktioniert.

- Das **Bewusstsein**, das man in westlichen Begriffen am ehesten mit den Begriffen Kern oder Seele bezeichnet, wird im spirituellen Bereich dieses Programmes adressiert. Auch wenn es auf den ersten Blick nicht so scheint, ist diese Komponente der Persönlichkeit bedeutend, wenn es darum geht, jetzt, in diesem Moment das gesamte Ich zu verbessern. Spiritualität ist nicht etwas Okkultes und Obskures oder etwas, dem man sich einmal in der Pension widmen kann, sondern ein unbedingt nötiger Bestandteil eines Programmes, das die ganze Person ansprechen soll. Und Sie werden sehen, viele Übungen und Dinge sind gar nicht so, wie Sie denken, – vor allem nicht religiös in dem Sinne, dass der eine oder andere Glaube vorausgesetzt wird. Spiritualität hat nichts mit Glauben zu tun und so werden Sie sich auch als Atheist oder Nihilist in den Übungen und Ansätzen dieses Bereiches wiederfinden können.

Gemäß der buddhistischen Philosophie ist die Persönlichkeit, wie wir sie kennen, eine Illusion, da sie eben nur aus den beschriebenen fünf Komponenten besteht.

Ohne an dieser Stelle tiefer in die Anatta-Diskussion[11] einzutauchen, die auf der intellektuellen Ebene zu keinem Ergebnis führen kann, liegen in dieser Struktur eine Reihe von Ursachen für Probleme unserer Welt begründet.

Ziele im Leben?

Bevor es darum geht, welche Ziele Ihr Leben bestimmen, sollten Sie sich bewusst werden, dass sehr viele Menschen, wenn man sie unvorbereitet fragt, nicht sagen können, wo sie im Leben sind, wo sie hinwollen und wie sie dort hinkommen. Wenn Sie sich dieser Punkte bereits bewusst sind, so geht es in der Folge um das Ziel selbst.

Als hauptsächliches Ziel, das Menschen in ihrem Leben erreichen wollen, wird zumeist die Freude genannt. Viele Philosophen, beispielsweise Aristoteles, haben in ihren Werken beschrieben, dass alles menschliche Streben an der Freude als dem Prototyp positiver Emotionen ausgerichtet ist. Gemäß den griechischen Philosophen wollen wir Ruhm, Erfolg und Reichtum nicht um ihrer selbst willen erreichen, sondern weil sie uns Freude machen oder zumindest Freude versprechen.

Eine der Illusionen unseres Daseins liegt darin, dass wir Menschen glauben, durch materiellen Konsum unser Leid lindern zu können oder das Ich zu stabilisieren. Auch wenn ein großer Teil des derzeitigen wirtschaftlichen Systems genau darauf aufbaut (das zeigt sich durch den kontinuierlich steigenden Konsum), so wissen wir eigentlich genau, dass diese Befriedigung nur von kurzer Dauer ist. Gut für die Wirtschaft – schlecht für uns selbst. Wohin dieser Zustand führt, sehen wir jeden Tag aufs Neue – die Gier nach

---

[11] Es geht um die Frage: Gibt es neben den beschriebenen Komponenten einer Persönlichkeit noch eine ewige Seele oder einen dauerhaften Kern?

mehr und mehr wächst an. Bezeichnend für das Wesen der Gier ist es, dass selbst Menschen, welche nach objektiven Maßstäben bereits sehr viel besitzen (selbst Millionäre), immer noch mehr wollen (und dabei auch ganz abstürzen können) – das zeigt wohl deutlich, wie die Gier funktioniert.

Damit eng verbunden ist der Wunsch, dem Leid als Gegensatz zur erwünschten Emotion der Freude zu entkommen, kein Leid erfahren zu müssen. Das ist der zweite Schritt des Zieles der Freude, einer Freude, welche aus der Abwesenheit des Leids resultiert.

Wenn Sie diesen Ansatz genauer durchdenken, so werden Sie zum Schluss kommen, dass er untauglich ist. Die Menschen versuchen seit Jahrzehnten, genau dieser Logik zu folgen, Erfolg zu haben, reich und berühmt zu werden – und doch sind nur die wenigsten Menschen wirklich glücklich. Es geht sogar so weit, dass viele, die es „geschafft haben", mit Depressionen zu kämpfen haben oder sogar Selbstmord begehen, also diese Freude, welche Reichtum, Ruhm und Ehre versprochen haben, nicht vorgefunden haben und mit großer Enttäuschung konfrontiert sind.

Ein Ansatz, um Ihr Lebensziel besser zu treffen, liegt darin, es genauer und klarer herauszuarbeiten. Wenn Sie den eigenen Lebenszweck erkennen und finden, so ist es sehr befriedigend, diesem zu folgen. Menschen, welche ihr Lebensziel kennen und diesem auch nachgehen können, erleben auf diese Weise jeden Tag eine besondere Form des stillen Glücks. Mit Methoden, ein solches individuelles Lebensziel zu finden, werden wir uns noch später in diesem Programm beschäftigen.

Neben individuellen Zielen wollen wir versuchen, eine zutreffendere generelle Zielvorstellung zu entwickeln. Also einen Zielzustand zu beschreiben, der, wenn er erreicht wird, tatsächlich zu einer Form der dauerhaften und tiefen Freude führt. Dies wollen wir über den Begriff der Integrität versuchen. **Generalisiert gesagt, ist die innere Integrität der Zustand, den man erlebt, wenn man eine Vereinbarung (mit sich selbst) erfüllt, wenn Herz, Geist und die Handlungen eines Menschen im Gleichgewicht sind. Die Integrität ist eine Funktion des Selbst.** Sie selbst können die Anforderung und auch den Erfolg definieren; Sie sind also nicht grundsätzlich von anderen Menschen oder Umständen in der Erreichung dieses Zieles abhängig.

Die Integrität ist ein mehrschichtiger Begriff, welcher umfassend alle Ebenen des menschlichen Daseins adressiert. Diese Schichten der Integrität, welche im Folgenden beschrieben werden, wirken im Zusammenspiel miteinander und stellen das dar, wonach wir uns sehnen. Auch wenn wir im Folgenden jeweils einzelne Aspekte näher betrachten, so ist es wichtig, nicht zu vergessen, dass Integrität heißt, das Leben nicht zu zersplittern. Integrität kann man nur als Ganzes oder Gesamtheit erreichen – jeder Teil des Lebens ist mit jedem verbunden.

Die drei Ebenen der Integrität

Physische Integrität
Die physische Integrität stellt die Basis der Zielvorstellungen dar. Gemeinhin würden wir es so definieren, dass wir uns einen leistungsfähigen, schönen und gesunden Körper wünschen, der von Krankheiten und Gebrechen frei ist.

Doch dieser Wunsch ist illusorisch. Wir wissen, dass unser Körper unweigerlich altert, verfällt und Krankheiten unterworfen ist. Gewiss – wir können viel aufwenden, um die Alterung zu verlangsamen oder zumindest die Zeichen dieses Prozesses zu unterdrücken. Wir können auch versuchen, den Körper möglichst gut zu erhalten und zu trainieren, aber doch sind wir nicht vor Krankheiten und Einschränkungen gefeit.

Weiters wissen wir heute, dass sich sehr viel Leid, welches in der Psyche entsteht, in weiterer Folge im Körper manifestiert (über das sympathische Nervensystem bzw. das Hormonsystem). So wird die physische Integrität nicht nur vom Körper selbst, sondern auch von den anderen Ebenen der Integrität sehr stark beeinflusst. Derartige Querverbindungen stellen eine Bürde für die physische Integrität dar, mit welcher wir uns beschäftigen müssen.

Fälschlicherweise nimmt man, vor allem als junger, gesunder Mensch, an, dass eine kranke oder alte Person keine Chance mehr hätte, einen (physisch) integren, also zufriedenen Zustand zu erreichen. Dabei können wir oft genau das Gegenteil erleben. Menschen mit schweren Krankheiten und Schmerzen, Menschen, welche um den eigenen nahen Tod wissen, zeigen oftmals eine hohe Integrität, wohingegen sich Menschen mit vollkommen gesundem Körper fernab jeglicher Zufriedenheit befinden. Der Schlüssel der Integrität ist daher primär im **Verhältnis** zum eigenen Körper zu suchen und erst sekundär im Körper selbst.

So müssen wir das Ziel bzw. die Definition der physischen Integrität wie folgt überdenken:

> **Das Ziel der physischen Integrität besteht darin, den eigenen Körper so gut und leistungsfähig wie möglich zu erhalten, mit den Einschränkungen und Limitationen des Körpers auf eine gute Art und Weise umzugehen und diese Gegebenheiten sogar als Chance und Möglichkeit zur Weiterentwicklung nutzen zu können.**

Mentale Integrität

Neben der bereits beschriebenen physischen Integrität leistet auch die mentale Integrität einen bedeutenden Beitrag zu unserem Wohlbefinden. Als mentale Integrität würden wir definieren, dass wir nur Positives, Schönes und Angenehmes erleben wollen, also ausschließlich Freude und Glück erleben und von den unangenehmen Dingen verschont bleiben wollen. Tatsächlich müssen wir uns aber auch, wie bereits in der physischen Integrität erwähnt, unweigerlich mit **allen** Gefühlen und Emotionen des Daseins auseinandersetzen, die Negation von geistigen Mustern ist auf Dauer nicht durchführbar. Insofern wird der Umfang der mentalen Integrität maßgeblich vom Umgang mit den unvermeidlichen Gefühlen geprägt.

Sie sollten dazu lernen, frei von Gier und Ablehnung[12] zu sein, um den „zweiten Pfeil[13]" zu vermeiden und den mentalen Formationen (darunter versteht man die Kombination einzelner evtl. sogar widersprüchlicher Gefühle z.B. Liebe und Hass) nicht mehr Stärke zu geben als nötig.
Diese mentale Integrität können Sie auf zwei Schienen erreichen. Die erste ist eine entsprechende Therapie oder psychologische Behandlung, falls Sie wirklich mit schweren (mentalen) Gegnern kämpfen müssen, welche diese Integrität stören. Ängste, Phobien oder auch Traumata mit den eigenen

---

[12] Als die Wurzel von weiteren Gefühlen wie Neid, Missgunst u. Ä.

[13] In einem Gleichnis sprach der Buddha davon, dass Menschen das Leid immer als zwei Pfeile erleben, welche sie treffen. Der eine Pfeil ist das auslösende Leid selbst, das unvermeidlich ist und auftritt. Er sprach davon, dass die Aversion gegen diese Situation einem zweiten Pfeil entspricht, welcher noch mehr Schmerzen zufügt. Dieser zweite Pfeil kann durch entsprechende geistige Schulung reduziert und weggenommen werden.
Diese Aussage bestätigt die Erkenntnisse der Schmerzforschung. Heute weiß man, dass der Schmerz „lediglich" als Impuls an das Gehirn übermittelt und erst dort die Schwere des Schmerzes festgelegt wird.

Mitteln zu überwinden ist langwierig und nicht einfach zu bewerkstelligen – hier wäre es falscher Stolz, auf gute Hilfsmittel und Unterstützung zu verzichten. In diesem Fall rate ich Ihnen, zur Unterstützung des SMPLT unbedingt professionelle therapeutische Hilfe in Anspruch zu nehmen.

Die zweite Schiene, um mentale Integrität zu erlangen, liegt darin, sich auf den *Flow* bzw. eine meditative Vertiefung einzulassen, kurz gesagt, in dem, was wir spirituell oder weltlich tun, voll aufzugehen. Nach einem solchen Erlebnis können Sie ebenfalls eine gestärkte Integrität verspüren. Das liegt daran, dass Sie in einer Vertiefung bzw. im Flow wirklich auf das Tun fokussiert sind und Gier und Ablehnung ohne besondere Anstrengung nicht da sind. Genau das bewirkt eine eigene Art von Glück, welches die mentale Integrität kräftigt.

Somit beschreiben wir die mentale Integrität wie folgt:

Das Ziel der mentalen Integrität besteht darin, mit dem gesamten Spektrum der erlebten Gefühle eine adäquate Umgangsform zu finden. Der nicht-ausschließende Umgang mit unerwünschten und unangenehmen Gefühlen beeinflusst die mentale Integrität ebenso wie das nicht-anhaftende Erleben von angenehmen Gefühlen.

Spirituelle Integrität

Der Bereich der spirituellen Integrität wird zumeist kaum beachtet, wenn die Themen angeführt werden, welche für eine ganzheitliche Entwicklung nötig sind. Einerseits wird dieser Bereich entweder mit Esoterik oder Frömmigkeit assoziiert, andererseits wird dieser Bereich meist auf später, beispielsweise auf den Ruhestand, verschoben. Die spirituelle Integrität wird im Moment als nicht so bedeutend für den Lebensweg angesehen und auf einen späteren Zeitpunkt oder auf eine Auszeit verschoben. Der spirituellen Integrität wird im täglichen Dasein kaum Bedeutung zugemessen, da ihre direkten Auswirkungen auf das Wohlbefinden nicht so klar erkennbar sind wie jene der physischen und mentalen Integrität.

Dabei sind es gerade die Fragen dieses Bereiches, welche Menschen ganz tief innen bewegen und beeinflussen. Die Frage nach der Sinnhaftigkeit des Lebens, das Finden des eigenen Platzes im Universum oder auch das persönliche Verhältnis zu „Gott" sind Themen, welche es sehr wohl wert sind, sich bereits jetzt damit zu beschäftigen. Wenn die Diskrepanzen in diesem Bereich zu groß oder bedeutend sind, so zeigen sich unweigerlich Auswirkungen auf allen Ebenen der Integrität.

Vor allem eine Frage – jene nach dem Tod – sollten Sie keinesfalls aufschieben, es kann Sie rascher treffen, als Sie denken. Und damit meine ich nicht nur die Gefahr, selbst zu sterben, sondern auch die Nähe des Todes, wenn Sie in Ihrer persönlichen Umgebung die Unabwendbarkeit des Todes realisieren können.

> **Das Ziel der spirituellen Integrität besteht darin, einen dauerhaften Weg zu finden, sich den großen Fragen des eigenen und übergeordneten Daseins zu nähern, und die Bereitschaft aufzubringen, das Leben so zu erleben, wie es ist, und keine Sorge davor haben zu müssen, welche Form das Leben annehmen wird.**

(Herzens)Ziele

Der Begriff des Zieles wird oft verwendet, gerade in der Wirtschaft lebt man ständig in Milestones, Targets und Zielen, die es zu erreichen gilt.

Und doch ist die Art des Ziels, wie wir sie im SMPLT verwenden, etwas anders – hier geht es um das, was oftmals als Herzensziel bezeichnet wird –, ein Ziel, das tief mit Ihrer Integrität verbunden ist. Um ein solches Ziel beschreiben zu können, müssen Sie sich Zeit nehmen und sich fragen, was Sie **wirklich** wollen. Es geht um jene Ziele, die ihr Leben bestimmen, nicht um jene, welche ein paar Tage oder Wochen beeinflussen.

An dieser Stelle möchte ich einige Überlegungen ausführen, wie ein Herzensziel beschaffen sein muss. Benötigen werden Sie diese Information dann später im SMPLT-Vollprogramm, wenn Sie Ihre persönlichen Ziele unter Berücksichtigung dieser Aspekte beschreiben werden.

- **Achten Sie darauf, dass das Herzensziel klar und unmissverständlich formuliert ist.** Das Ziel sollte so beschrieben sein, dass jemand, der Sie und Ihre Situation nicht kennt, versteht, was Sie beschrieben haben. Die Beschreibung sollte so klar sein, dass Sie auch nach einem Jahr noch verständlich ist. Wie wir wissen, ist es bereits ein großer Schritt auf dem Weg zur Zielerreichung, wenn man dieses gut und klar beschreiben kann. Zu wissen, was man will, ist bereits der bedeutendste Schritt, es auch zu erlangen. Aber es ist gar nicht so einfach, wie es sich anfangs anhört. Sehr oft wissen wir genau, was wir nicht wollen, aber nicht, was wir anstreben.
Um ein Herzensziel wirklich in sich zu verankern, ist es sehr fördernd, wenn man über die ausschließlich verbale Beschreibung hinausgehen kann und eine Vision des Zieles hat. Unter dieser Vision verstehe ich eine Idee des Gefühls, das man hat, wenn das Ziel erreicht ist, wenn man es vor seinem inneren Auge sehen kann.

- **Das Ziel muss mit den eigenen Werten übereinstimmen.** Ein Ziel, das gegen das eigene Normen- und Wertesystem geht, ist kein geeignetes Herzensziel – auch wenn es eigentlich von einer höheren Instanz vorgegeben wird. Es ist beispielsweise so, dass das vorgegebene Ziel eines Kindes *„Ich will jede Woche mein Zimmer aufräumen“* so lange zum Scheitern verurteilt ist, solange es nicht in sein Wertesystem passt. Hier wäre wahrscheinlich ein Ziel mit anderer Formulierung realistischer – das kann durchaus sein *„Ich will mich in meinem Zimmer auskennen und wissen, wo die mir wichtigen Spielsachen sind“* und schon wird es eingehalten. Ein Ziel muss also entweder zu unseren Werten passend formuliert sein oder ist zu hinterfragen, wenn es mit unseren Normen kollidiert. Ein großer Teil der „guten Vorsätze“ fällt üblicherweise unter diesen Aspekt.

- **Das Ziel sollte immer in positive Worte gefasst werden.** Das liegt an der Funktionsweise des menschlichen Gehirns, welches ein Erreichungsziel deutlich besser und weniger konfliktbehaftet memoriert als ein Vermeidungsziel. Ein Vermeidungsziel bedingt negativere Emotionen beim Umgang damit und so ist es nachvollziehbar, dass sich unser Gehirn lieber mit Dingen beschäftigt, welche angenehme Gefühle bewirken. Diese negative Behaftung eines Zieles kann sogar in Angst, Druck oder Depressionen münden.

- **Ein Ziel soll so weit als möglich keine Vergleiche enthalten.** Das kann herausfordernd sein und ist nicht immer möglich. Warum sollte man nicht vergleichen? Durch einen Vergleich prüft man sich gegen ein bewegtes Ziel, da das Objekt des Vergleiches entweder selbst in Bewegung ist oder aber aufgrund einer anderen zeitlichen Einordnung nicht vergleichsfähig ist. Diese Umstände können den eigenen Erfolg zunichtemachen, beispielsweise wenn sich das Ziel rascher wegbewegt, als man es mit seinen Aktionen einholen kann, oder einen scheinbaren Erfolg ergibt, wenn sich das Ziel zufällig der eigenen Aktionsrichtung entgegenbewegt (Erfolg ohne eigenes Zutun). Beides bringt Sie nicht weiter.

- **Ein Ziel braucht immer einen Zeitrahmen.** Ein Ziel, das es erst zum St. Nimmerleinstag zu erreichen gilt, wird wohl nie erreicht werden. Auch zu lange Zielzeiträume (in zehn Jahren will ich, in der Pension … – wer weiß, ob Sie das überhaupt erleben?) sind nicht geeignet. Im Fall eines so langfristigen Zieles ist ein mehrgliedriges Ziel durchaus sinnvoll. Neben dem Langfristziel, das dann als Vision oder generelle Entwicklungsrichtung dient, könnten Sie auch ein Teilziel (einen Schritt, der das Langfristziel unterstützt) mit kurzem Zeitrahmen definieren. Wenn dieses erreicht ist, erneut ein weiteres Teilziel formulieren.

- **Das Ziel muss durch Ihr eigenes Tun erreichbar sein** – hier unterscheiden wir uns z.B. deutlich von Geschäftszielen –, nur das, was Sie selbst verändern und beeinflussen können, ist es auch wert, ein Ziel zu sein. Naheliegend ist, dass es an der Stelle gar nicht einfach und trivial ist, ein größeres Ziel so zu „filetieren", dass jene Teile, welche in der eigenen Hand liegen, erkenntlich sind. Nur diese Teile können als ein Herzensziel eingesetzt werden. In diesem Zusammenhang ist es bedeutend herauszufinden, was man beeinflussen kann, es sich nicht zu leicht zu machen, indem man davon ausgeht, weniger Einfluss zu haben, als man denkt.

- **Die Nachteile der Zielerreichung müssen auch mit bedacht werden.** Gerade das Erreichen des Herzenszieles verändert (potentiell) das Leben, also ist es gut und weise, sich klar zu überlegen, was man sich wünscht – oder wie ein weiser Mann sagte: *Sei vorsichtig mit deinen Wünschen, sie könnten in Erfüllung gehen.*

Buddhismus

Das Fundament des in diesem Buch dargelegten Programmes ist die Lehre Buddhas in seiner historisch ursprünglichsten Ausprägung, dem sogenannten Theravada-Buddhismus. Diese Richtung, welche auch als die Lehre der Älteren oder kleines Fahrzeug *(Hinayana)* bezeichnet wird, bezieht sich in der Lehrauslegung auf die Überlieferungen, welche direkt aus Buddhas Zeit stammen und auf ihn oder seine engsten Schüler zurückgehen, auch wenn sie erst später schriftlich erfasst wurden.

Dieses Kapitel kann nicht andere umfassende Grundlagenwerke zum Buddhismus ersetzen, es soll ihnen lediglich einen kompakten Einstieg in diese spirituelle Lehre bieten, damit Sie den Kern des vorgestellten Systems verstehen und für sich selbst entscheiden können, was Sie davon in Ihr Leben integrieren möchten und können.

Wenn dieser kurze Abriss Ihr Interesse geweckt hat, so finden sich im Literaturanhang einige hochwertige weiterführende Werke, welche ich Ihnen empfehlen kann.

Der historische Buddha und seine Lehre

Der Begründer des Buddhismus, Siddharta Gautama, wurde etwa 563 v. Chr. außerhalb des Ortes Lumpini im Norden Indiens nicht weit des Himalayagebirges geboren. Der spätere Buddha wurde in eine aristokratische Familie hineingeboren, seine Mutter, Maya, war die Frau von König Shuddhodhana aus dem Adelsgeschlecht der Shakya.

Man prophezeite dem König, dass sein Kind, das den Namen Siddharta (in Pali: *der das Ziel erreicht hat)* erhielt, entweder ein großer Weltenherrscher oder ein großer Heiliger werden würde. Da dem Vater an einem fähigen Nachfolger gelegen war, ließ er den Knaben als Fürsten erziehen, um ersteres zu erreichen. Siddharta war gebildet und wusste in allen Fächern der Staatskunst Bescheid. Ihm wurden alle Wünsche erfüllt und alles potentiell Unangenehme wurde von ihm ferngehalten, so dass er in Luxus mit allen erdenklichen weltlichen Vergnügungen der damaligen Zeit aufwuchs.

Aber trotz allen weltlichen Glücks und der Annehmlichkeiten, derer sich der Prinz Siddharta erfreuen durfte, fühlte er sich in seinem Leben beengt und unzufrieden. Aus diesem Gedankengang heraus unternahm er mehrere geheime Ausfahrten aus der heilen und behüteten (Schein)Welt des Palastes, die sein Vater für ihn arrangiert hatte.

Als ihm beim Anblick von alten, gebrechlichen Menschen, von Kranken und Toten die Erkenntnis vom leidvollen Dasein aller Menschen (und auch die Tatsache, dass er selbst Alter, Krankheit und Tod nicht entgehen kann) aufging, wurde sein Vorsatz der spirituellen Suche noch weiter gestärkt. Auf seiner letzten Ausfahrt aus dem Palast sah er einen Asketen, womit für ihn der Weg klar war, den er gehen wollte, und er zog in der Folge in die Hauslosigkeit. Im Alter von 29 Jahren verließ er den Palast, seine Frau und seinen Sohn, um yogischer Asket zu werden, was zu seiner Zeit nichts Ungewöhnliches war. Im damaligen Indien verließen viele Männer für eine Zeit der spirituellen Suche ihr Heim, um später wieder zurückzukehren. Zunächst versuchte er, bei den großen Yogis seiner Zeit die Wahrheit über das Leid und dessen Aufhebung zu erfahren, indem er die Ruhemeditation *(Samadhi)* erlernte. Schon bald hatte er diese Yogis in ihrem Können übertrumpft, sie boten ihm sogar die gemeinsame Leitung ihrer Schulen an. Siddharta aber lehnte ab, er suchte weiterhin nach dem Schlüssel zur letztlichen Wahrheit über Leben, Leid, Tod und der Befreiung davon, welchen er bei seinen Lehrern noch nicht gefunden hatte.

Im nächsten Schritt versuchte er, mit strengster Askese seine Triebe, das Wollen und Festhalten am Leben auf rigorose Art zu überwinden. Als er nach einiger Zeit abgezehrt und schwach einsehen musste, dass auch das kein Weg zur Erkenntnis der Wahrheit war, hörte er damit auf. Er erkannte, dass der Weg zur Befreiung kein Weg der Extreme sein kann – etwas, das er später den *mittleren Weg* nannte.

Er realisierte, dass für eine erfolgreiche meditative Schulung ein gepflegter und ernährter Körper nötig ist und nahm wieder gemäßigt Nahrung zu sich. Als Bettelmönch suchte er nach einem eigenen Weg, die Befreiung vom Leid zu erreichen.

Im Alter von 35 Jahren meditierte Siddharta in einer Vollmondnacht unter einer Pappelfeige und erlangte die Erleuchtung, also die klare Sicht auf die Wahrheit aller Dinge. Gier, Hass und Verblendung waren nun vollständig von ihm abgefallen. Er war der Buddha (wörtlich: *der Erwachte*) geworden.

Ursprünglich hielt der Buddha die Menschheit für nicht befähigt, seiner Lehre zu folgen, da er sie als zu schwer verständlich ansah, und erwog, diese nicht zu lehren. Der Legende nach wurde er aber von einer hohen Gottheit umgestimmt, die ihn überzeugte, dass es viele Menschen gebe, welche seiner Lehre zugänglich seien.

Also erwog der Buddha nun, wer von seiner Lehre profitieren könnte, und dachte zuerst an seine ersten beiden Lehrer. Diese waren aber mittlerweile verstorben. Danach dachte er an fünf Mit-Asketen aus seiner Zeit der Schmerzaskese und wanderte zu diesen nach Isipatana. Dort hielt er seine erste Lehrrede und legte diesen fünf Asketen die sogenannten vier edlen Wahrheiten dar.

Damit war das Rad der Lehre in Gang gesetzt, welches sich bis heute weiterdreht.

Er beschrieb seiner Ansicht nach universelle Gesetze, die er *Dhamma* (meist als Wahrheit übersetzt) nannte. Heute wird als Dhamma auch die durch den Buddha erfolgte Belehrung selbst beschrieben, was immer wieder zu Verwirrung um diesen Begriff führt. Diese Gesetzmäßigkeiten waren bereits da, bevor er sie beschrieb, und sie sind augenscheinlich auch noch wirksam, nachdem er verstorben ist. Dieses Dhamma wirkt immer, egal ob es gelehrt und dargelegt wird oder ob das Wissen darum in Vergessenheit geraten ist. Es ist wichtig, dass Buddha sich selbst nicht als Gott oder göttlicher Lehrer verstand, sondern als einen erwachten Menschen, der die bestehenden Gesetze (nach denen das Dasein funktioniert), die er erkannt hat, lehrte.

Neben dem spirituellen Pfad, welcher im Kapitel der vier edlen Wahrheiten erörtert wird, hat der Buddha oftmals die Wirkungsprinzipien bzw. die Funktionsweise des Daseins im Generellen und des Bewusstseins im Speziellen beschrieben, damit wir die Situation, in der wir uns befinden, nachvollziehen können.

Die vier edlen Wahrheiten

Die buddhistische Lehre wurde bereits zur Zeit ihrer Verkündung kompakt in vier Schritten zusammengefasst, den sogenannten vier edlen Wahrheiten *(sacca)*, welche als eine Art der Kurzreferenz oder Zusammenfassung von Buddhas Lehre dienen können. Diese Wahrheiten sind sowohl eine Beschreibung der menschlichen Situation als auch ein Hinweis, wie man diese verbessern kann.

- **Die Wahrheit vom Leid**
  Der Einstieg in die buddhistische Lehre beschreibt, dass alles Dasein letztlich dem Leid unterworfen ist. Dieser Satz wurde und wird oft fälschlicherweise dahingehend interpretiert, als dass der Buddhismus als eine pessimistische Religion dargestellt wird.
  Der in den Originaltexten verwendete Begriff *Dukkha* kann nicht direkt mit Leid übersetzt werden. Als *Dukkha* wird vielmehr die Eigenschaft beschrieben, dass die Dinge nicht nur potentiell Leid verursachen können, sondern in letzter Konsequenz unbefriedigend sind. Wenn wir etwas Angenehmes oder Schönes haben, so wollen wir mehr davon oder noch etwas Besseres, oder wir haben gar die Angst, es wieder zu verlieren. Wenn wir hingegen mit unangenehmen Dingen konfrontiert sind, so wollen wir diese weghaben und sie nicht erleben, uns nicht einmal daran erinnern, mit unangenehmen Dingen zu tun gehabt zu haben. Wir sind womöglich mit ungeliebten Menschen zusammen und von Lieben getrennt, bekommen nicht, was wir uns wünschen – all das hat der Buddha als Leid im Sinne der ersten edlen Wahrheit beschrieben.
  Ich denke, diese Eigenschaft des Daseins, dass es in letzter Konsequenz unbefriedigend ist, kann wohl gut nachvollzogen werden und ist der Boden, auf dem alle Religionen und spirituellen Heilslehren fußen, um Antworten auf dieses Dilemma zu finden.

- **Die Wahrheit von den Ursachen des Leids**
  Die zweite Wahrheit beschreibt aus der Sicht Buddhas die möglichen Ursprünge und Quellen des zuvor beschriebenen Leids. Auch wenn wir spontan an eine große Liste von möglichen Ursachen denken würden, welche für das Leid, den für uns unbefriedigenden Zustand des Lebens, verantwortlich sein können, so hat sie der Buddha auf die folgenden drei Kernursachen zusammengeführt:

  o **Gier**: Wir wollen, egal ob es sich um Materielles, Beziehungen oder Wissen und Information handelt, etwas haben oder mehr davon haben. Dadurch können wir die

Dinge nicht so belassen, wie sie sind, und schaffen uns (selbst) damit neues Leid, da wir oft nicht von dem mehr bekommen, was wir gerne hätten.

- o **Aversion:** Diese Ursache entspricht dem genauen Gegenteil der Gier, wir wollen etwas nicht haben und empfinden Leid, solange wir mit den Dingen, die wir nicht wollen, zusammen sein müssen. Unser Widerstand und die Ablehnung sind dementsprechend die Quelle des zusätzlichen Leids.

- o **Verblendung** ist die komplexe Wurzel allen Leids – wir sehen die Dinge nicht so, wie sie wirklich sind. Getönt durch unsere geistigen Muster, Vorurteile, Erfahrungen und Erwartungen nehmen wir die Welt subjektiv[14] eingeschränkt wahr und verstehen nicht, wie die Welt wirklich funktioniert. Diese Diskrepanz zwischen unserer Wahrnehmung und der absoluten Realität bedingt immer wieder Leid und führt zu Gier und Aversion.

- **Die Wahrheit vom Ende des Leids**
  Nachdem zuvor die unangenehme Beschreibung der Ist-Situation und ihrer Entstehung durchgeführt wurde, tritt in der dritten edlen Wahrheit eine positive Nachricht in den Mittelpunkt. Wir Menschen sind nicht schutzlos und auf ewig dieser unbefriedigenden Situation ausgesetzt, sondern es ist ein Ende des Leids erreichbar und erzielbar. Dieses Ende des Leids wird den Übenden nicht in einer fernen Zukunft oder einem Zustand nach dem Tod versprochen, sondern es wird klar dargelegt, dass das Ende des Leids durch eigene Anstrengung, durch die Elimination der Ursachen des Leids, bereits in diesem Leben möglich ist und keinen göttlichen Gnadenakt darstellt. Die Befreiung vom Leid ist demnach durch eigene Anstrengung erreichbar.

- **Die Wahrheit vom Weg zum Ende des Leids**
  In dieser Wahrheit sind die Anweisungen Buddhas für seine Schüler, wie sie sie üben sollten, zusammengefasst. An dieser Stelle beschreibt er, wie man als Mönch oder auch als Laie üben muss, um das zuvor genannte Ziel, das Ende des beschriebenen Leids, zu erreichen. Dazu hat der Buddha den sogenannten edlen

---

[14] Diese subjektive, eingeschränkte Wahrnehmung wurde bereits bei der Beschreibung der Funktion des Gehirns ausgeführt.

achtfachen Pfad dargestellt, der acht Bereiche der Übung und des Trainings beschreibt. Dabei handelt es sich um:

- o richtige Erkenntnis
- o richtige Gesinnung
- o richtiges Handeln
- o richtige Rede
- o richtiger Lebenserwerb
- o richtige Anstrengung
- o richtige Achtsamkeit
- o richtige Sammlung

Es ist wichtig, darauf hinzuweisen, dass der Buddha nicht darauf bestand, dass ausschließlich der von ihm dargelegte Weg zum Ende des Leids führt. Er ging sogar so weit, zu sagen, dass jeder spirituelle Pfad, der diese acht Aspekte enthält, egal wie er genannt wird, zur Befreiung vom Leid, also zur Erleuchtung führt.

Die Weltgesetze (Loka-dhamma)

Als Weltgesetze oder, etwas neutraler formuliert, weltliche Bedingungen wurden von Buddha acht Dinge in vier Paaren angeführt, welche mit der Welt in Verbindung stehen und den Menschen in seinem Dasein immer wieder aus seiner Mitte reißen können.

Es handelt sich dabei um die Paare:
- Gewinn und Verlust
- Verehrung und Verachtung
- Glück und Unglück
- Lob und Tadel (bzw. Kritik)

Jeder Mensch, jede Entwicklung, grundsätzlich alles ist immer diesen beiden Polaritäten unterworfen. Es ist nicht möglich, immer nur die eine Seite oder die andere zu erleben. Die Natur der polaren Welt ist es, dass beide Polaritäten auftreten müssen, ob uns das recht ist oder nicht. Diese Aussage ist für unsere Zwecke von großer Bedeutung, da sie zeigt, dass wir nicht das eine ohne das andere haben können. Auch wenn wir noch so stark versuchen, alles gut und richtig zu machen, können wir doch beispielsweise Kritik nicht vermeiden.
Das Problem in unserem Dasein liegt darin, dass wir den positiven Aspekt dieser Paare haben wollen, an ihm anhaften und mehr davon wollen und den negativen Aspekt nicht erleben wollen, ihn vermeiden wollen, ohne zu verstehen, dass das eine ohne das andere nicht existieren kann.

Als buddhistischer Übender versucht man, einen Gleichmut zu entwickeln, welcher sich von den beiden Polen löst – damit ist aber nicht Gleichgültigkeit gemeint! Jemand, der Erleuchtung erlangt hat, löst sich von den Weltgesetzen und ist nicht mehr der Dualität unterworfen. Das heißt aber nicht, dass er oder sie diese Bedingungen nicht mehr erlebt, sondern lediglich, dass er oder sie am Positiven nicht mehr anhaftet und das Negative nicht mehr fürchtet.

Ist der Buddhismus eine Religion oder eine Lebensphilosophie?

Die Frage, ob der Buddhismus eine Religion oder eine Philosophie darstellt, wurde und wird immer wieder unter verschiedenen Gesichtspunkten und Argumenten diskutiert. An dieser Stelle möchte ich auch gar nicht tiefer auf diese Diskussion eingehen, da es für unsere Zwecke egal ist, wie der Buddhismus betrachtet wird – wichtig ist es, einen (beliebigen) spirituellen Pfad zu gehen, der die Qualitäten, welche Buddha im achtfachen Pfad genannt hat, enthält. Wie sich die Richtung, die dabei geübt wird, nennt, ist völlig unerheblich.

Oder um es anders auszudrücken – man muss nicht Buddhist sein, um erleuchtet zu werden. Das zeigt sich auch darin, dass der Buddhismus nicht-ausschließlich ist, man also aus buddhistischer Sicht auch einer anderen Religion angehören kann (wenn diese nicht den buddhistischen Erkenntnissen widerspricht).

An dieser Stelle ist es mir aber wichtig, Ihnen einen Hinweis Buddhas zu übermitteln, wie er meinte, dass eine Philosophie für den eigenen Gebraucht zu prüfen ist. In der *Kalamasutta* (Lehrrede an die Kalamer) hat er dargelegt, wie man eine Lehre prüfen soll. Dabei stellte er deutlich dar, dass man sich nicht durch Autoritäten, Zuneigung, Logik oder besondere Menschen leiten lassen soll, sondern dass man die Lehren für sich selbst erwägen soll und nur das zu übernehmen ist, was einem selbst einleuchtet. Diese Vorgangsweise hat er nicht nur für andere Religionen, sondern auch für seine eigene Lehrdarlegung empfohlen, und mit dieser Geisteshaltung sollten Sie auch das Programm für sich selbst prüfen.

Methodenschatz des Buddhismus und anderer Weisheitslehren

Neben der inhaltlichen Lehre, welche ich bereits kurz dargelegt habe, hat der historische Buddha unter der Beschreibung des Übungsweges, der Meditation, viele bereits bestehende Methoden der Geistesschulung seiner Zeit verwendet, wo nötig verfeinert und klarer auf das Ziel seiner Lehre ausgerichtet. Eine Reihe von Meditationsmethoden haben er und seine Schüler originär entwickelt, ohne auf Bestehendes zurückzugreifen. Wichtig ist es zu sehen, dass sich die inhaltliche Lehre und die meditativen Methoden zwar sehr gut ergänzen und unterstützen, aber in letzter Konsequenz voneinander unabhängig sind. Vor allem die Methoden stehen allen Menschen frei zur Verfügung und sind nicht an ein buddhistisches Bekenntnis gebunden, sind gleichsam ein gemeinsames Erbe aller spirituellen Lehren und Schulen.

- **Ruhe und Entspannung**
  Im ersten und für die Anwendung in der physischen Welt bedeutendsten Schritt dient die Meditation der Erlangung von körperlicher und geistiger Ruhe. Man meditiert, um vom Getriebe der Welt etwas zurückzutreten, um sich selbst und seinen Geist klar wahrzunehmen und damit die eigenen Kapazitäten besser nutzen zu können. Dabei handelt es sich um viele Techniken, welche in körperlicher Ruhe (z.B. klassische Sitzmeditation) oder auch in Bewegung (z.B. Yoga, QiGong) ausgeübt werden können.

- **Geistige Sammlung**
  Auf der vorhergehenden Stufe der Meditation aufbauend besteht eine erweiterte meditative Richtung darin, den Geist auf ein Objekt zu bündeln und damit die innere Ruhe noch weiter zu vertiefen. Dazu wird der nun mit den vorherigen Methoden bereits beruhigte und „arbeitsfähige" Geist auf ein Meditationsobjekt (z.B. Atem, Farbscheiben, Mantren, Gebete, ...) gelenkt und das Umherschweifen des Geistes in Vergangenheit, Zukunft und anderen Orten, als man sich in dem Moment befindet, nach und nach reduziert. Das Ziel dieser geistigen Übung wird mit dem Begriff „Im Hier und Jetzt sein" bezeichnet und ist auch unter der Bezeichnung *Samadhi-Meditation* oder *Versenkungsmeditation* bekannt, welche GUNARATANA (2010) gut beschrieben hat.

- **Erkenntnis**
  Als Erkenntnis wird im Buddhismus eine Form der nicht-intellektuellen Intelligenz verstanden. Erkenntnis ist das Ziel, für welches viele

Buddhisten üben und meditieren. Was ist aber eigentlich Erkenntnis, und wie ist sie für das SMPLT bedeutend?

- o *Eine besondere Form des Lernens:* Man versteht viele Dinge plötzlich intuitiv und aus dem Herzen. Auch wenn man sie vorher schon oft gelesen und intellektuell verstanden hat, so bekommen sie doch erst mit diesem Schritt echten Wert und Gehalt. Mit der Erkenntnis, die nicht unbedingt mit Meditation oder Buddhismus in Verbindung stehen muss, bekommen Sie ein Gefühl, Dinge jetzt echt und tief zu verstehen.
- o *Man lernt im Kleinen:* Erkenntnis muss nicht immer eine Antwort auf die großen Fragen der Menschheit sein, sondern vielmehr ein kleiner Moment der Helligkeit, ein kleines Realisieren, wie die Dinge zusammenhängen. Letztlich ist es in seiner Basis immer ein Realisieren des Ursache-Wirkungs- Zusammenhanges bzw. des Karmas, auch wenn es auf den ersten Blick gar nicht so aussieht.
- o *Erkenntnisse verändern das Leben:* Gelerntes kann man wieder vergessen, es kann verblassen und nicht mehr verfügbar sein. Eine Erkenntnis geht jedoch so tief, dass man zwar die formulierte Erkenntnis selbst vergessen kann, die Wirkung aber bestehen bleibt. Erkenntnis verändert etwas.

Eine weitere mögliche Ausrichtung, in welcher man sich mit dem beruhigten Geist üben kann, besteht in der sogenannten *Erkenntnismeditation* (Vipassana), welche nach GUNARATANA (2000) dazu führt, sich selbst zu erkennen und zu verstehen, wie man selbst und die Welt funktioniert. Diese Meditationen sind meist in einem etwas größeren systematischen Zyklus enthalten, da sie nicht in 30 Minuten durchführbar sind und oftmals spezielle vorbereitende geistige Übungen benötigen.

Auch das sog. weise Betrachten (Kontemplation) ist bei diesem Gesichtspunkt anzusiedeln. Eine Kontemplation ist eine meditative Technik des Erwägens bzw. Nachdenkens über ein Thema. Anders als wir es im normalen Alltag gewöhnt sind, handelt es sich dabei aber nicht um ein intellektuelles und geistig kreisendes Nachsinnen, das sich im Bereich von Wenn, Falls, Hätte und Könnte bewegt.

Dazu versetzen wir uns in einen meditativen Zustand und arbeiten ein Thema, das uns betrifft, auf. Diese Aufarbeitung erfolgt aber nicht, wie wir es gewohnt sind, mit einer intellektuell-logischen Begründung, sondern mittels Hinhören auf unseren emotionalen und geistigen Zustand.

- **Brahmavihara**
  Die Meditation bzw. Übung der sogenannten göttlichen Verweilungszustände stellt ebenfalls eine Besonderheit des Buddhismus dar. Es wird in einer Form der Meditation daran gearbeitet, besondere geistige Zustände herzustellen, welche den Übenden gleichsam in einen „göttlichen" Zustand bringen. Aus dieser Beschreibung leitet sich der Name ab, indem gesagt wird, dass ein Mensch, der sich in diesem Zustand befindet, ein Erleben wie ein göttliches Wesen hat.
  Bei diesen vier besonderen Zuständen, welche in SALZBERG (2003) ausführlich beschrieben wurden, handelt es sich um:
  - Metta (liebende Güte)
  - Karuna (Mitfreude)
  - Mudita (Mitgefühl)
  - Upekha (Gleichmut)

Effekte der Meditation

Nun habe ich beschrieben, welche Meditationsformen es gibt, wie sich diese unterscheiden und was ihre Charakteristika sind – aber eine wichtige Frage ist noch unbeantwortet. Nämlich, was die Meditation eigentlich konkret bewirkt? Ist Meditation nur eine Einbildung und eine Affirmation oder gibt es etwas Messbares, das einen Meditierenden von einem Nicht-Meditierenden unterscheidet?

Die Wirkung der Meditation zeigt sich, wie in HANSON (2009) beschrieben, nicht nur in der Wirkung auf das Geistes- und Gefühlsleben eines/einer Meditierenden, sondern ist auch auf der körperlichen Seite objektiv nachweisbar. Auf diese Effekte werde ich mich nun auch beziehen, da es sich um messbare und unmissverständliche Auswirkungen handelt, während die Auswirkungen auf den Geist und das Gefühlsleben schwerer konkretisierbar sind.

Dank einer Reihe von medizinischen Forschungsarbeiten ist heute sehr genau nachvollziehbar, was sich bei der (wiederholten) Meditation im menschlichen Körper verändert. Diese Liste erhebt aber keinesfalls einen Anspruch auf Vollständigkeit, da die Forschungsarbeiten weitergehen und laufend neue Erkenntnisse publiziert werden.

- **Meditation steigert die graue Masse** im Inselcortex (Zentrum für das Gefühlsleben und die Empathie), im Hippocampus (bedeutend für das Lernen und die Übernahme von Wissen aus dem Kurz- in das Langzeitgedächtnis) und im präfrontalen Cortex (emotionale Bewertung).

- **Meditation kann eine Ausdünnung des Cortex** (sogenanntes cortical thinning), welche mit der Alzheimer-Krankheit in Verbindung steht, wieder **umkehren** oder zumindest die Ausdünnungstendenz anhalten.

- **Meditation aktiviert die linke frontale Gehirnregion stärker** und bedingt so generell eine bessere Laune oder eine bessere Stimmung.

- **Meditation bewirkt** (in der Übung selbst und ausklingend danach) **eine verstärkte Gammawellenaktivität** im EEG.

- Meditation zeigt einen positiven Einfluss auf das **Immunsystem** und reduziert den Cortisolspiegel.

- **Meditation steigert** die Achtsamkeit, Empathie und das Mitgefühl und verbessert nachweislich den Umgang mit Schlaflosigkeit, Angst, Phobien und Ess-Störungen. Während der Meditation nimmt der Hautwiderstand (der selbst wiederum ein Indikator für Angst ist) deutlich ab.

- Auch bei Asthma, Diabetes Typ II und chronischen Schmerzen zeigt Meditation einen **verbessernden Effekt** (was beispielsweise im Rahmen von MBSR – Mindfulness Based Stress Reduction nach DR. KABAT-ZINN angewendet wird).

- Durch die Meditation ergibt sich eine stärkere **körperliche Entspannung** (der Parasympathikus-Nerv wird stärker), die sich in einem langsameren Herzschlag, einer ruhigeren Atmung und einem geringeren Blutdruck zeigt.

- In der Meditation werden Neurotransmitter und Hormone ausgeschüttet, von welchen manche den Endorphinen oder Opiaten nahestehen. Diese Stoffe sind auf der körperlichen Ebene für die ggf. erlebte **Glückseligkeit**, **Euphorie** und **geringere Schmerzwahrnehmung** verantwortlich.

Unterstützung Ihrer Integrität

Nachdem ich über viele Kapitel dieses Buches hinweg die Grundlagen des menschlichen Daseins und die anstehenden Herausforderungen charakterisiert habe, ist es an der Zeit, Ihnen konkrete erste Hilfsmittel vorzustellen. Diese Hilfsmittel, welche Ihre Integrität auf den unterschiedlichen Ebenen fördern, sind zeitlich und thematisch einerseits *vor* der vertieften Übung bzw. dem Training im SMPLT selbst angesiedelt, sie werden Ihnen die nötigen Grundlagen und Hilfsmittel für die dort anstehenden Aufgaben bieten. Andererseits sind diese unterstützenden Übungen der Integrität auch *während* dem SMPLT-Programm hilfreich und fördernd und natürlich auch in dieser Zeit eine wertvolle Quelle, welche Sie nicht übersehen sollten.

Vor einem Missgeschick möchte ich Sie an dieser Stelle bewahren. Es geht um die Geisteshaltung, mit welcher Sie an die nun beschriebenen Übungen herangehen sollten. Üblicherweise wird der Versuch in den Mittelpunkt gestellt – es aufrichtig und ehrlich zu versuchen, reicht nach allgemeinem Verständnis aus und legitimiert beinahe schon das Scheitern. Dann hat man es ja zumindest versucht. Diese Art des Versuchens können und sollen Sie weglassen. Tatsächlich interessiert sich niemand für den (halbherzigen) Versuch, nur das Ergebnis wird letztendlich anerkannt, bewertet und verändert Ihr tägliches Erleben. Auch wenn die Menschen in Ihrer Umgebung sich damit zufriedengeben, wenn Sie es versucht haben – denken Sie mal nach, an was erinnert man sich? Entweder an den Erfolg oder maximal an den spektakulär gescheiterten Versuch.

Es geht, weitergedacht, auch nicht um die Anstrengung. Die Anstrengung ist unbestritten eine Voraussetzung und sehr bedeutend, um etwas zu erreichen. Aber verwechseln Sie nicht die Anstrengung mit dem Erfolg – diesen visieren Sie an, die Anstrengung ist das Mittel dorthin, aber nicht das Ziel.

Physische Aktionen

Ernährung

Man kann es nicht zu oft sagen – die bedeutendste Basis Ihrer physischen Integrität stellt eine ausgewogene Ernährung dar. Es wird aber von Ihnen nicht gefordert, sich einer speziellen Diät zu unterwerfen, Vegetarier zu werden oder sich an eine andere besondere Ernährungsform zu halten, um die beschriebenen Ziele erreichen zu können.

Wenn Sie für den Anfang einige der folgenden Tipps, welche von verschiedenen Meditationslehrern und beispielsweise BAYS (2009) publiziert wurden, beachten, sollte das Ihrem Körper als Basis ausreichend gut tun:

- Essen Sie *viel Obst und Gemüse*. Vor allem als Snack zwischendurch ist Obst sehr wertvoll für Ihren Körper und kann dort ungesunde Alternativen ersetzen. Sorgen Sie dazu dafür, dass immer frisches, ansprechendes Obst in Ihrer Reichweite steht – Sie werden automatisch danach greifen (bei einem Snack geht es meist darum, rasch etwas zu sich zu nehmen). Es gibt eine Reihe von Unternehmen, welche daher regelmäßig frisches Obst an den Arbeitsplatz liefern (lassen).

- Wenn Sie Fleisch essen, achten Sie auf *qualitativ hochwertiges Fleisch*, beispielsweise aus biologischer Produktion bzw. artgerechter Haltung. Sie werden es auch am Geschmack bemerken, die Art der Entstehung des Fleisches spiegelt sich darin wider.

- *Reduzieren* Sie die Konsumation von raffiniertem Zucker (insbes. von in Produkten verstecktem Zucker). Neben den Auswirkungen auf die Linie beeinträchtigt dieser Zucker den Hippocampus und reduziert die kognitiven Fähigkeiten im Alter. Das kann bereits durch die Verwendung von echtem braunen/unraffinierten Zucker vermieden werden (Vorsicht: oftmals ist brauner Zucker im Handel lediglich gefärbter weißer Zucker).

- Achten Sie auf eine *hohe (natürliche) Vitamin B-Zufuhr*, das steigert Ihre kognitiven Fähigkeiten und wirkt der Demenz entgegen.

- Wenn Sie eine *(latente) Lebensmittel-Allergie* haben, vermeiden Sie diese Lebensmittel. Lassen Sie sich ggf. testen – oftmals wird das eine oder andere Lebensmittel oder auch die Kombination bestimmter Lebensmittel schlecht vertragen, ohne dass es Ihnen bewusst ist. Da sich diese Allergien verändern können, ist es gut, ab und zu erneut zu testen, falls es Verdachtsmomente gibt.

- Ein *Folsäuremangel* kann die Depressionsneigung verstärken, deswegen sind Lebensmittel mit einem hohen Gehalt zu bevorzugen. Den höchsten Folsäuregehalt weisen Weizenkeime auf, ein oder zwei Löffel davon im Salat machen diesen nicht nur knackig, sondern reichen bereits zur ausreichenden Versorgung aus.

- Ein guter Anteil von *Omega 3-Fettsäuren* (fördern das neurologische Wachstum, steigern die Entzündungshemmung), wie sie in Fischöl oder Leinsamen enthalten sind, sollte der Ernährung beigegeben werden. Dazu ist keine große Nahrungsumstellung nötig, es reicht bereits aus, einen Löffel Leinsamen über den Salat zu geben oder den Salat mit Leinöl anzurichten, um die richtige Dosis aufzuarbeiten.

- *Acetylcholin*, wie es in Eidotter, Fleisch, Leber oder Milchprodukten enthalten ist, fördert die Neurotransmitter und hilft so beim Lernen.

- Wenn Sie zu Stress bzw. Überreaktionen neigen, sollten Sie *Glutamat* meiden, da es die Unruhe noch verstärkt. Es ist nur (abgesehen von anderen bekannten negativen Auswirkungen) dann sinnvoll, wenn Sie tendenziell zu träge sind.

- Die Zufuhr von *Serotonin* sollte man dann senken, wenn man Einschlafprobleme hat. Bei latenter Depression und Unlust sollten Sie die Serotoninzufuhr bzw. die körpereigene Serotoninproduktion steigern.

All diese Ratschläge und noch viele mehr lassen sich unter dem Begriff der intuitiven Ernährung zusammenfassen. Man geht davon aus, dass der Körper selbst am besten weiß, was für ihn gut ist. Das hört sich nur allzu verführerisch und einfach an, aber leider sind viele Menschen dazu nicht mehr in der Lage, da sich der Körper bereits an einseitige Ernährung, Konventionen und Geschmacksverstärker gewöhnt hat.

Um in einer zielführenden Weise auf Ihren Körper hören zu können, ist eine ausreichende meditative Erfahrung vonnöten (ansonsten würde Ihr Körper im Moment ausschließlich Zucker präferieren). Als Meditationsanfänger ist es an der Stelle vorteilhaft, im Buch weiterzugehen und sich meditativ zu üben. Sobald Sie die nötige geistige Ruhe besitzen, also mit Ihren Gefühlen gut arbeiten können, ist es an der Zeit, spielerisch zu versuchen, dem Körper, ihrer Intuition zuzuhören. Unterliegen Sie dabei aber nicht dem Irrtum, dass somit der Körper nur noch zu Gemüse und Bioprodukten tendieren darf – auch ungesunde Lebensmittel können für den Körper ab und zu passend und richtig sein.

Körperliche Fitness

Ein gesunder Geist in einem gesunden Körper – den Spruch haben Sie oft genug gehört. Und doch ist er zutreffend. Das bedeutet nicht, dass an dieser Stelle von Ihnen gefordert wird, ein Fitnessfreak zu werden, jeden Morgen laufen zu gehen oder sich täglich im Fitnesscenter zu quälen.

Das Kernziel der Fitness liegt einerseits eigentlich darin, dafür zu sorgen, dass Ihr Körper die bestmögliche Basis für alle anderen Schritte des Übungsprogrammes bietet. Dazu ist es nötig, neben der Leistungsfähigkeit auch ein körperliches Wohlgefühl herzustellen. So ist durch HANSON (2009) bekannt, dass durch körperliche Aktivitäten der Serotoninspiegel ansteigt und so (tendenziell) das Glücksgefühl zunimmt. Wodurch Sie die erwünschte körperliche Fitness erreichen und erhalten, ist völlig Ihnen überlassen. Es muss nicht immer eine Trainingsmethode sein, für welche Sie sich zusätzlich Zeit nehmen müssen oder etwas zurückstellen sollen. Es kann schon der Ansatz sein, die Treppe statt dem Lift zu nehmen, für einen kurzen Weg nicht das Auto zu verwenden oder beim Fernsehen ein paar körperliche Übungen zu machen.

Sollten Sie sich für eine „definierte" Methode entscheiden, möchte ich Ihnen hier ein paar davon aufzählen, welche neben dem Fitnesseffekt noch weitere, nicht uninteressante Auswirkungen haben:

- **Yoga**: Verbessert die Haltung, hilft gut gegen die sogenannte Büro-Verkümmerung und wirkt sich abhängig vom Yogastil zusätzlich zum körperlichen Aspekt positiv auf die mentale und spirituelle Ebene des Daseins aus. Durch Yoga werden das Körperempfinden und die Wahrnehmung des eigenen Körpers verbessert sowie die Muskeln gedehnt und gestärkt.

- **Thai Chi:** Bringt mehr Ruhe und bewirkt ein verbessertes Körpergefühl und Empfinden des Körpers in seiner Bewegung und Dynamik. Die langsame Geschwindigkeit der Übung wirkt der Tendenz, alles schneller erledigen zu wollen, entgegen und zeigt, dass es um die wertvolle Zeit der Übung geht und nicht darum, die Übung möglichst schnell hinter sich zu bringen.

- **Feldenkrais:** Ist ein spontanes, körperliches Lernen. Diese Methode ist sehr gut und wertvoll, wenn man mit körperlichen Handicaps umgehen muss und besteht in einer Neuerziehung des eigenen Körpers. Dazu werden die bekannten, alltäglichen Bewegungen in einzelne Phasen unterteilt und dabei spielerisch der mögliche körperliche Gestaltungsraum für diese Bewegung ausgelotet. Daraus kann eine Reorganisation von Bewegungsfolgen auf der körperlichen Ebene resultieren, ohne sie intellektuell zu erlernen. Das betrifft sowohl aktuelle Einschränkungen, mit denen man bestmöglich umgehen muss, als auch deren Aufhebung (oft haben wir in der Vergangenheit Bewegungen an Einschränkungen angepasst, die wir heute nicht mehr haben).

Der Körper als Spiegel des Geistes

Anhand des Körpers ist ein sehr guter Einblick in den aktuellen eigenen emotionalen und geistigen Zustand möglich. Das heißt, Sie können sich darin üben, diesen Spiegel von Stress und anderen erkennbaren Situationen aktiv zu verwenden und vor allem sehr früh, noch bevor es sich auch außen zeigt geistige Zustände feststellen und in weiterer Folge darauf reagieren zu können.

Die möglichen körperlichen Zeichen, die Sie diagnostizieren können, reichen von den typischen Stress-Symptomen wie einem verschlechterten Immunsystem oder Hautveränderungen bis zu ganz individuellen Feststellungen wie punktuelle Muskelanspannung, Gefühlen des Unwohlseins, Kälte und anderen Zeichen.

Die folgende Übung, welche in ihrer Wirkung eigentlich bereits ein Übergang in den mentalen Bereich ist, dient Ihnen dazu, wieder mit sich selbst eine Verbindung aufzunehmen. Man hält es zwar nicht für möglich, aber viele Menschen können kaum mehr Gefühle, egal ob positiver Art wie Freude und Glück und auch unangenehme Dinge wie Trauer und Schmerz, empfinden. Diese Abstumpfung erfordert immer extremere Erlebnisse, immer kräftigere Eindrücke, um noch wahrgenommen zu werden. In einer Freundschaft mit dem Körper sollen Sie wieder fähig werden, wahrzunehmen, was gerade da ist, um auf dieser Basis zu verstehen, wie es im Moment um Sie bestellt ist.

Übung 1: 8-Punkte-Meditation

Diese meditative Übung entstammt der burmesischen Meditationstradition und dient dazu, in einer Form der dynamischen Achtsamkeit Ihre Körperwahrnehmung zu schärfen. Für diese Übung suchen Sie sich einen Platz, an dem Sie die nächsten 25 Minuten ungestört sind, und nehmen eine aufrecht-sitzende Haltung ein, egal ob auf einem Stuhl[15] oder in einem Meditationssitz[16].

Schließen Sie die Augen und gehen Sie die folgenden körperlichen Punkte der Reihe nach mehrmals durch. Als erstes versuchen Sie mit all Ihrer ungeteilten Aufmerksamkeit, zum angegebenen Punkt zu fühlen. Bei jedem Punkt nehmen Sie wahr, was Sie dort in dem Moment fühlen können, ohne etwas zu produzieren oder zu provozieren. Es geht nicht darum, zu wissen, dass Sie diesen körperlichen Punkt besitzen oder wie er theoretisch aussieht oder was man dort empfinden sollte – sondern ausschließlich um Ihr konkretes Empfinden an diesem Punkt in diesem Moment. Wenn Sie an einem Punkt keine Wahrnehmung haben, so ist auch das OK – dann stellen Sie fest, dass es an diesem Punkt in diesem Moment nichts zu empfinden gibt. Falls Sie an einem der Punkte eine Empfindung haben, diese aber nicht einordnen können, zerbrechen Sie sich nicht den Kopf, was es sein könnte – wenn Sie wahrnehmen, dass eine Empfindung da ist, genügt das für diese Übung vollauf, Sie müssen ihr keinen Namen geben.

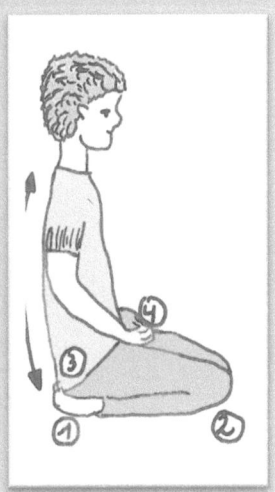

Am leichtesten wird es anfangs sein, wenn Sie sich von jemand durch diese Meditation führen lassen oder eine gesprochene Meditation als ihre Richtschnur laufen lassen. So können Sie sich voll und ganz der Aufmerksamkeit der einzelnen Punkte widmen. Bleiben Sie lange genug bei jedem Punkt, sodass Ihnen ausreichend Zeit bleibt, ganz genau hinzufühlen, was da ist.

---

[15]   Wenn Sie auf einem Stuhl sitzen, sollten Sie lediglich beachten, so weit vorne zu sitzen, dass Ihr Rücken frei nach oben geht (ohne sich anzulehnen).
[16]   Voller oder halber Lotussitz bzw. Fersensitz.

Bei den Punkten, welche Sie empfinden sollen, handelt es sich der Reihe nach um:

- **rechtes Bein:** Sie können hier vielleicht Berührung (durch das Sitzen), Temperatur oder Druck empfinden. Auch ein Kribbeln kann sich häufig zeigen.

- **rechtes Knie:** Sie können hier möglicherweise die Beugung, Berührung, Druck, Zug oder Schmerz empfinden. Denken Sie daran – jede Empfindung ist zulässig.

- **rechtes Gesäß:** Sie können hier neben dem Druck vielleicht die Form und Ausdehnung dieser Körperregion empfinden.

- **linkes Bein:** Sie können hier vielleicht Berührung, Temperatur oder Druck empfinden.

- **linkes Knie:** Sie können hier vielleicht die Beugung, Berührung, Druck, Zug oder Schmerz empfinden.

- **linkes Gesäß:** Sie können hier neben dem Druck vielleicht die Form und Ausdehnung dieser Körperregion empfinden.

- **rechte Hand:** Sie können vermutlich die Fläche finden, wo die Hand aufliegt, wo es Berührung gibt. Fühlen Sie vor bis in die Fingerspitzen.

- **linke Hand:** Sie können vermutlich die Fläche finden, wo die Hand aufliegt, wo es Berührung gibt. Fühlen Sie vor bis in die Fingerspitzen.

- Abschließend gehen Sie geistig an das untere Ende der **Wirbelsäule**, das Steißbein, und fahren mit dem Einatmen gedanklich die Wirbelsäule nach oben hin ab. Ausatmend bewegt sich die Aufmerksamkeit wieder nach unten. Das machen Sie dreimal und beginnen dann wieder damit, den rechten Fuß zu empfinden.

Sitzen Sie abschließend noch einige Minuten in Stille und fühlen Sie dabei den gesamten Körper, die Gesamtheit, bevor Sie wieder in die Aktivität zurückkehren.

Mentale Aktionen

Der nächste Bereich, um den Sie sich in diesem Training kümmern können, betrifft Ihr Geistes- und Gefühlsleben. All das, was als mentaler Bereich zusammengefasst wird, ist ein Fundament für die Stabilität und Leistungsfähigkeit Ihrer Persönlichkeit und in weiterer Folge des Selbstwerts und damit ein wertvolles Betätigungsfeld.

Eine Zuflucht finden

Eine bedeutende Basis für jegliche mentale Stabilisierung, für jede erfolgversprechende Entwicklung in diesem Bereich ist es, eine gesicherte Basis, eine sogenannte Zuflucht, zu finden, aus der heraus man sich dem Leben und seinen Herausforderungen stellen kann.

Vielleicht können Sie mit diesem Begriff (noch) nichts anfangen, deswegen werde ich dieses Prinzip etwas näher erläutern. Unter einer Zuflucht verstehe ich einen physischen oder noch besser einen geistigen *„Ort"*, an den man sich zurückziehen kann, an dem man sich behütet und gesichert fühlt und von wo aus man Kraft und Zuversicht schöpft. Eine Zuflucht muss aber nicht nur ein Ort sein – es kann eine Person, eine soziale Gruppe, eine Idee, Ideale, Werte oder ein höheres (spirituelles) Wesen sein. All das und noch viel mehr, das ich hier nicht angeführt habe, kann eine gute persönliche Zuflucht sein.

Mit einer Zuflucht kann man leicht einen *Bereich der Flucht, des Rückzugs* oder der Abschottung verwechseln. Das ist nicht das Wesen einer wahren Zuflucht. Sie bietet im Moment der Inanspruchnahme eine Form von Offenheit und Stärke, ist ein Bereich, aus dem man kraftvoll und bestimmt agieren kann.

Seine persönliche Zuflucht zu kennen, ist essentiell, um in Momenten, in denen man sie benötigt, darauf zurückgreifen zu können. Alleine der

Gedanke an die Möglichkeit der Zuflucht steigert bereits die mentale Stabilität und kann Ihnen Kraft geben (biologisch gesehen wird dabei Dopamin freigesetzt und löst einen Belohnungsreflex aus). Wenn Sie eine Zuflucht besitzen und sich mit dieser verbinden können, sind unangenehme Erfahrungen und Herausforderungen nicht mehr so bedrohlich, da Sie sich von dort Kraft und Stärke holen können.

Um das Wesen einer Zuflucht für sich selbst feststellen zu können, müssen Sie in sich gehen, feststellen, was wertvoll und vertrauensvoll für Sie ist, was eine solide Basis im schlimmsten Moment Ihres Daseins sein kann, wohin Sie sich wenden, wenn es Ihnen richtig mies geht. Was genau die beste Zuflucht ist, kann Ihnen niemand sagen (auch wenn manche Religionen und Institutionen das für sich in Anspruch nehmen), Sie müssen es für sich selbst herausfinden.
Um diese Überlegungen zu strukturieren, schlage ich folgende Übung vor:

Übung 2: Wo finde ich meine Zuflucht?
Diese Übung hilft Ihnen, durch ein Formular unterstützt, im Rahmen einer strukturierten geistigen Betrachtung herauszufinden, was Sie als persönliche Zuflucht ansehen und welche Qualitäten die einzelnen „Zufluchtsorte" aufweisen. Nehmen Sie dazu ein Blatt Papier zur Hand und teilen Sie es in fünf Spalten und beschriften Sie die rechten vier Spalten, wie unten angeführt.
Als äußerer Rahmen ist es hilfreich, wenn Sie einen angenehmen und ruhigen Sitzplatz gefunden haben, an dem Sie sich wohl fühlen und gut schreiben können. Anschließend befüllen Sie das Formular entsprechend der erklärten Nummern und überlegen Sie dabei gut die gestellten Fragen bzw. kramen Sie in Ihrer Erinnerung, um diese beantworten zu können. Sie sollten aber bei der Beantwortung der Fragen nicht zu sehr ins Intellektuelle gehen. Nicht die perfekt überlegte und begründete Aussage, sondern Ihre erste, intuitive

(1)	Wer oder was ist sie?	Wie erlange ich sie?	Wirkt sie immer?	Wann wirkt sie nicht?
Personen	(2)	(3)	(4)	(5)
soziale Strukturen	(2)	(3)	(4)	(5)
Orte	(2)	(3)	(4)	(5)
Werte	(2)	(3)	(4)	(5)
Glaube	(2)	(3)	(4)	(5)

Antwort ist jene, die Ihnen am besten hilft.

(1) In die erste Spalte tragen Sie die konkret vorgefundenen Dinge ein, welche Sie als Zuflucht ansehen würden. Die Inhalte, die hier angeführt sind, dienen als geistiger Anhaltspunkt, in welchen Kategorien Sie eine Zuflucht finden können. Vor allem wenn Sie glauben, wenig oder nichts zu finden, ist es gut, jede der angeführten Kategorien näher zu betrachten. Bei der Befüllung des Formulars beginnen Sie für jede Zuflucht eine neue Zeile. Jede mögliche Zuflucht ist eine Zeile wert.

(2) Beginnen Sie nun jede einzelne Zuflucht näher zu beschreiben. Fügen Sie in dieser Spalte nicht nur den Namen, sondern auch (wenn nötig) eine Beschreibung ein, was Sie unter der Zuflucht genau verstehen. Welchen Aspekt oder welche Eigenschaft des in Punkt (1) beschriebenen Objektes bietet Ihnen die Zuflucht.

(3) Erarbeiten Sie nun für sich die Frage, wie Sie an die Zuflucht kommen. Muss Sie in dem Moment vorhanden sein, damit Sie diese nutzen können oder reicht eine geistige Verbindung (sich an diese Zuflucht und ihre Qualitäten zu erinnern, ...) aus. Gibt es andere Voraussetzungen oder Vorbedingungen, damit Sie diese Zuflucht nutzen können?

(4) Um diese Frage zu beantworten, müssen Sie in Ihre Vergangenheit blicken. Wie zuverlässig war diese Zuflucht, wurden Sie bereits ein- oder mehrmals enttäuscht? Konnten Sie diese immer erlangen?

(5) Erinnern Sie sich weiter, ob es Ereignisse gab, welche diese Zuflucht überrollten, wo diese nicht ihre Wirkung entfalten konnte. Wissen Sie, wann und unter welchen Umständen diese Zuflucht nicht ausreicht?

Wenn Sie alle Formen der Zuflucht eingetragen und für sich selbst bewertet haben, ist es an der Zeit, dieses Wissen zu konsolidieren. Vergleichen Sie, welche Zuflucht das beste Potential hat, welche verlässlich und gut funktioniert (und daher gestärkt werden sollte) und welche nur bedingt wirksam ist. Das heißt aber nicht, dass Sie eine weniger kräftige Zuflucht wegwerfen sollen – bedeutend ist, sich der Limitationen bewusst zu sein und sie zukünftig nur dann einzusetzen, wenn es auch wirklich erfolgversprechend ist.
Lassen Sie nun das Wissen um Ihre Zufluchten tief in sich sinken und zeigen Sie Dankbarkeit für die bereits erfolgreich gewährten Zufluchten.

Ruhe & Entspannung erzielen

Dass wir Menschen Ruhe oder Entspannung suchen, ist nicht neu und überraschend, schließlich weisen die Medien beständig auf die Bedeutung dieser körperlichen und geistigen Zustände hin und bieten immer wieder neue Methoden dafür an. Andererseits wissen wir aus der eigenen Erfahrung, dass gerade ein so fragiler Zustand wie Entspannung nicht auf Befehl funktioniert und nicht einfach „gemacht" werden kann.

Die Aufgabe, Ruhe und Entspannung zu finden, ist keine körperliche Herausforderung, sondern umfasst alle Bereiche unseres Daseins. Die Auslöser für Unruhe können sowohl körperlich, mental und spirituell sein – daher führe ich diesen Punkt hier in der Mitte an.

Ruhe zu finden gibt Kraft und Stärke und ist für jedes Lebewesen essentiell. Aber zu glauben, es geht hier darum, die körperlichen und geistigen Aktivitäten zu reduzieren, dem Müßiggang anheim zu fallen, bezieht sich auf den falsch verstandenen Begriff von Ruhe. Wenn Sie so vorgehen, landen Sie rasch in der Trägheit und Schläfrigkeit. Die Entspannung, welche gesucht wird, resultiert aus körperlicher und mentaler Ausgeglichenheit. Daher wirken jene Entspannungsmethoden am effektivsten, welche Körper und Geist dabei helfen, einen stabilen, nicht schlaffen Zustand zu erreichen.

Übung 3: Entspannung über die Atmung

Der körperliche Entspannungszustand und der Atem stehen in einem engen Abhängigkeitsverhältnis zueinander. Wenn der Atem ruhiger wird, so folgt auch der Körper diesem Prinzip und wird nach und nach beruhigter und entspannter. Eine Möglichkeit, den Atem (und damit indirekt den restlichen Körper) zu beruhigen, ist der sogenannte Diaphragma-Atem.

Dazu legen Sie in sitzender Haltung die Hand auf Ihren Bauch und atmen in der Weise, dass sich die Hand dabei langsam und gleichmäßig vor- und zurückbewegt. Versuchen Sie, so geradlinig wie möglich in die Hand zu atmen, meist ist dazu eine große Ausatmung (so lange und stark wie es geht) am besten geeignet. Diese Methode regt das periphere Nervensystem an, ausgeglichener und „balancierter" zu werden. Sie können diese Übung so lange machen, bis Sie den Effekt auf Ihren Körper bemerken, je nachdem, wie unruhig Sie die Übung begonnen haben, kann das sehr rasch gehen oder auch einer längeren Übungsphase bedürfen.

Übung 4: Balancieren der Herzrate

Ein weiterer Weg, die gewünschte Entspannung zu erreichen, kann über die Beeinflussung der Herztätigkeit gegangen werden. Diese Übung unterstützt Sie sehr gut, wenn Sie mit Herzstolpern oder Herzrasen zu tun haben (aber keinesfalls ersetzt diese Übung den Besuch beim Arzt!). Für die gewünschte Entspannung ist aber nicht nur eine Absenkung der Herzfrequenz erwünscht, sondern vielmehr versucht man, dazu einen gleichmäßigen und regelmäßigen Herzschlag zu erzielen. Indem man probiert, auf körperlichem Weg die Herzrate zu balancieren (HRV – Herzratenvariabilität), also einen gleichmäßigen Schlag zu erreichen, wird auch eine nachhaltige körperliche Beruhigung erreicht werden.

Aber wie erreicht man diesen Zustand?

Um diese Veränderung der Herzrate zu bewirken, müssen Sie in einer sitzenden oder liegenden Stellung so atmen, dass Ein- und Ausatmung zeitlich gleich lang sind, und sich dabei vorstellen, dass Sie direkt durch die Herzgegend atmen und das Herz mit dem Atem reinigen. In einer fortgeschrittenen Variante können Sie auch noch eine heilsame und fördernde Emotion (beispielsweise Liebe, Akzeptanz, …) als Bewegung zum Atem dazu imaginieren, wenn es Ihnen bei der Übung hilft.

Interessanterweise ist der Teil der Vorstellung, den Atem gedanklich durch die Herzgegend fließen zu lassen, jener Aspekt, der die Übung ausmacht und die HVR verbessert. Es ist zwar bis dato unbekannt, was dabei konkret passiert (vielleicht bewirkt das eine energetische Fokussierung), aber es zeigt sich, dass es funktioniert.

Eine bis zwei Minuten dieser täglichen Übung ohne Ablenkung reichen bereits aus, um einen Effekt zu zeigen.

Übung 5: Körperentspannung

Setzen Sie sich für diese Übung angenehm auf einen Stuhl oder in einen Sessel und stellen Sie sicher, dass Sie für die nächsten Minuten nicht gestört werden. Stellen Sie sich einen Timer – damit wird sichergestellt, dass Sie diese Übung nicht schneller als geplant durchlaufen, um Zeit zu sparen. Die Empfehlung für die Mindestzeit liegt bei 10–15 Minuten, damit sich die Entspannung auch tatsächlich im Körper ausbreiten kann.

Schließen Sie Ihre Augen und atmen Sie dreimal tief ein und aus. Anschließend berühren Sie Ihre Lippen mit der rechten Hand (dem rechten Zeigefinger), dies aktiviert die parasympathischen Nerven und leitet eine Entwicklung zur Ruhe ein. Anschließend legen Sie die Hand ab.

Lassen Sie nun bewusst die Zunge, die Augen und die Backenmuskeln locker. Versuchen Sie ganz bewusst, ein breites Gesicht zu machen, alles fallen zu lassen. Und kümmern Sie sich dabei nicht darum, wie eigenartig das wohl gerade aussehen mag.
Wenn dieser Vorgang funktioniert, so können Sie von oben nach unten durch den Körper gehen und die verspannten Stellen, dort wo Sie Druck fühlen, aufsuchen. Wenn Sie eine solche Stelle gefunden haben, so versuchen Sie, die Stelle dort bewusst zu entspannen, Muskeln lockerer zu lassen oder zumindest das Gefühl von Nachlassen und Einsinken dorthin zu bringen. Versuchen Sie, spielerisch und ohne Erfolgsdruck festzustellen, auf welche Weise Sie den betreffenden Muskel lockerlassen können.

Wenn Sie (noch) Probleme mit der Muskelentspannung haben, so kann ich Ihnen den Ansatz empfehlen, den Muskel, den Sie entspannen wollen, zuerst einmal bewusst möglichst fest für 5 Sekunden anzuspannen und dann loszulassen – das hilft oftmals, um die Region zu adressieren (sich geistig dorthin verbinden zu können), das geht leichter mit Anspannung als mit einer Entspannung (in einem kompletten Ansatz bzw. Übungsprogramm wird dies in der progressiven Muskelrelaxion nach JACOBSON gelehrt).
Suchen Sie so lange Stellen auf, die Spannung zeigen, bis die Übungszeit vorbei ist. Sollten Sie keine Spannungen mehr finden, so bleiben Sie bis zum Zeitablauf in Ihrer Haltung sitzen und nehmen Sie das Gefühl wahr, im Moment keine Spannung vorzufinden, körperlich voll entspannt zu sein.

Übung 6: Der Platzmattenprozess
Diese Übung hilft Ihnen dabei, auf der geistig-gedanklichen Ebene die erwünschte Ruhe zu erlangen und für sich selbst festzustellen, was Sie eigentlich im Moment wollen. Es geht darum, einen Weg zu finden, sich der Realität zu stellen und das, was wirklich zu tun ist, nicht aufzuschieben, und andererseits um die Unruhe, die aus dem Gefühl, zu viel zu tun zu müssen, entspringt, zu besänftigen.

Das Ziel der Übung ist es, eine Balance zwischen Überforderung und Laxheit zu fördern.

Man nimmt sich dazu ein größeres Blatt Papier (im amerikanischen Original handelt es sich um eines der Tischsets aus Papier, welche in günstigen Restaurants verwendet wird) und teilt dieses in zwei Spalten. Jeden der beiden Bereiche befüllt man mit den vorgesehenen Inhalten, welche wie folgt aufgeteilt werden:

Ich	das Universum
Was will ich heute machen, was nehme ich mir vor, egal ob körperlich oder geistig. Das reicht von den kleinen Aufgaben bis dahin, etwas Großes zu beginnen. Diese Spalte sollte nur umfassen, was Sie auch tatsächlich **heute** machen könnten.	In dieses Feld schreiben Sie, was Sie vom „Universum" möchten oder erwarten. Das ist alles, was gemacht oder getan werden sollte, worum „man" sich kümmern sollte, wovon Sie aber wissen, (noch) nicht die nötigen Ressourcen dafür zu haben.

Wenn Sie diese Platzmatte befüllt haben, ist Ihre Aufgabe bereits erledigt. Keine weiteren Schritte oder Aktivitäten sind nötig. Sie haben Ihre heutigen Aktivitäten definiert und die Aktivitäten des Universums gleichsam angestoßen. Das reicht – die Platzmatte ist nicht mehr nötig und kann nun entsorgt werden.

Sie haben für sich eine klare Aufteilung zwischen dem, was gemacht werden sollte, und dem, was Sie machen werden, getroffen. Genau das war das Ziel der Übung – diese beiden Seiten zu trennen und zu entwirren.

Das Positive internalisieren

Bei diesem Ansatz handelt es sich nicht um das positive Denken, wie es seit der zweiten Hälfte des 19. Jahrhunderts populär ist, es ist vielmehr eine Gegenstrategie zu den bereits beschriebenen und bekannten unerwünschten Verhaltensweisen unseres menschlichen Gehirns, welche negativen Eindrücken eine viel größere Dominanz erlauben.

Dazu ist es wichtig, ganz bewusst die positiven Fakten, welche Sie laufend erleben, auch in positive Erlebnisse umzubauen, da man das Positive im täglichen Dasein oft nicht oder nur ungenügend bemerkt und in Erinnerung überführt. Aus diesem Grund müssen Sie diese positiven Dinge aktiv und nachhaltig in Ihr Bewusstsein bringen, da die Wirkung des Positiven auf

Geist und Körper (Serotoninausschüttung) erst nach 10 bis 20 Sekunden einsetzt, in welchen Sie mit ungeteilter (!) Aufmerksamkeit auf diesen Gefühlen verbleiben können. Das ist der Grund, warum im Rahmen dieses Programmes die Achtsamkeit so intensiv geübt wird – um auf einem solchen positiven Gefühl verbleiben zu können, bis das Gehirn es tatsächlich speichert und Sie den angenehmen Effekt auch wirklich erleben können. Indem man sich (wie Sie in den Übungen sehen werden) darauf fokussiert, wie sich das Positive anfühlt, und es nicht nur intellektuell zu begreifen versucht, schaffen Sie in Ihrem Gehirn sogenannte *implicit memories* (eine Verbindung von Erinnerung und Gefühl), welche eng mit dem inneren Belohnungssystem verbunden sind und Sie dazu antreiben, mehr Positives tun und erleben zu wollen.

Die Förderung und Hervorhebung der positiven Gefühle dient aber nicht nur einem mentalen oder gar spirituellen Ziel, sondern hat ganz konkrete und praktische Auswirkungen auf Ihr Alltagsleben. Positive Gefühle bewirken viel Gutes mit dem Geist und Körper, wie beispielsweise:

- ein widerstandsfähigeres Immunsystem,
- einen besseren Umgang mit kardiovaskulärem Stress,
- die Stimmung steigt generell an, der Mensch ist optimistischer gestimmt,
- dieses Vorgehen ist auch dazu geeignet, die Effekte und unangenehmen Auswirkungen von Traumata zu reduzieren.

Übung 7: Die Wertschätzung (für etwas) steigern
Diese kleine meditative Übung dient dazu, ein gutes Gefühl zu erlangen oder ein bereits vorhandenes positives Gefühl noch weiter zu steigern. Ein angenehmer Nebeneffekt liegt darin, dass diese Übung die emotionale Verbindung und das Zusammengehörigkeitsgefühl zu anderen Menschen verbessert.

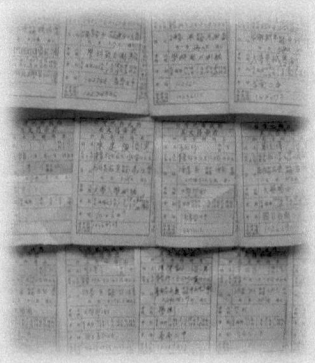

Nehmen Sie sich einige Momente der Ruhe, sitzen Sie entspannt und angenehm und finden Sie zuerst in Ihrer Umgebung etwas, das Sie wirklich erfreut. Das kann eine Situation, ein Mensch, ein Gegenstand sein – ganz egal, was auch immer.

Fokussieren Sie sich anschließend mit Ihrer ganzen Aufmerksamkeit auf das, was genau Sie daran erfreut. Betrachten Sie ganz genau die guten Eigenschaften dieser Sache, die Ihnen Grund zur Freude geben.

Warum erfreut es Sie?

Welche Eigenschaft, welche Teile dieser Sache sorgen genau für die Freude?

Wie fühlt sich diese Freude an?

Führen Sie die Übung etwa 10–15 Minuten durch.

In einer fortgeschrittenen Variante können Sie diese Übung dahingehend erweitern, dass Sie betrachten, ob Sie diese Freude-machenden Aspekte auch in anderen Dingen Ihres Tages oder Ihrer Umgebung finden können.

Übung 8: Sich abends des Guten vergewissern

Diese Übung ist nicht nur für Erwachsene, sondern auch für Kinder sehr gut geeignet, um den Tag mit positiven Gefühlen zu beschließen. Unter dem Begriff der Gedankenhygiene oder auch des „Abendgebetes" ist diese Technik in der Kindererziehung weit verbreitet und Ihnen vielleicht noch aus der eigenen Jugend bekannt. Aber die Wirkung ist auch bei erwachsenen Menschen nicht zu unterschätzen.

Abends, in einer ruhigen Minute (egal ob sitzend oder bereits im Bett liegend) ist es die Aufgabe dieser Übung, drei (oder in einer gesteigerten Version fünf) gute Dinge des Tages zu finden. Das kann eine Situation, ein Erlebnis, eine Tat oder auch nur ein Gedanke sein, den Sie hatten. Es kann gar nicht klein genug sein. Über diese Dinge, Erfahrungen oder Erlebnisse dürfen, können und sollen Sie sich freuen, die gefundenen Dinge in ihrer Angenehmheit anerkennen und vor allem bei jenen Dingen, für Sie selbst verantwortlich sind, auch sich selbst loben und anerkennen, was Sie getan haben.

Sie dürfen sich ganz ehrlich darüber freuen und anerkennen, was Sie gemacht und erlebt haben.

Wenn Sie diese Übung im Bett vor dem Einschlafen machen, können Sie mit diesem Gefühl in den Schlaf übergehen.

Mit einer größeren Variante dieser Übung (z.B. geführt als Kontemplation) können Sie beispielsweise ein Jahr oder einen anderen abgegrenzten Zeitraum (eine Saison, ein Semester, ...) auf besondere Art abschließen (es muss aber nicht unbedingt der Silvesterabend oder ein anderer ganz besonderer Tag sein).

Mitgefühl mit sich selbst

Wenn Sie Ihr Leben so betrachten, wie in Übung 8 beschrieben, egal ob bei einem Tagesrückblick oder einer umfangreicheren Lebensrückschau, werden Sie Dinge sehen, die gut gelaufen sind, und welche, die schlechter gelaufen sind. Sie sehen vermutlich Dinge, die Sie richtig gemacht haben, und auch Fehler, die Sie begangen haben. Das ist ganz normal – man wird nie das eine oder das andere Extrem vorfinden, sondern immer eine Mischung zwischen diesen beiden Bereichen.

Auch wenn Sie im Leben immer nur angenehme Situation erleben wollen, so müssen Sie auch wiederholt mit unangenehmen Situationen umgehen können. Diese Aufgabe ist es, welche bestimmt, wie Sie Ihr Leben führen, ob Sie sich in Richtung des Glücks oder des Leids bewegen.

Eine der Möglichkeiten im Umgang mit unerfreulichen Erlebnissen und eigenen Handlungen liegt in der Entwicklung von Mitgefühl (nicht aber Mitleid) mit sich selbst. Das stärkt und fördert die neutralen „Schaltkreise" im eigenen Gehirn (über die Ausschüttung von Oxytocin) und gibt Ihnen Selbstvertrauen, Zuflucht und Kräftigung.

Übung 9: Metta-Meditation
Die Übung, um diesen Zustand des Mitgefühls zu erreichen, in welchem Sie eine besondere Form der Akzeptanz für sich selbst und andere Menschen erreichen können, nennt man Metta-Meditation. Dazu beginnen Sie, sich in einer meditativen, aufrecht sitzenden Position mit einer Ihrer bevorzugten Methoden der Ruhemeditation in eine geistig und körperlich beruhigte Situation zu bringen. Anschließend führen Sie zumindest 15 Minuten die folgende Anweisungen aus – lassen Sie sich am besten durch eine Person durch diese Meditation leiten oder sprechen Sie sich die Anleitung selbst auf einen Player, um sich voll in den Inhalt der Anweisung einsinken lassen zu können:

- Erinnern Sie sich zu Beginn an eine Situation, wo Sie mit jemandem zusammen waren, der Sie echt liebt, den Sie lieben oder der für Sie sorgt und dem Sie sich ganz besonders verbunden fühlen. Das kann ein Partner, die Eltern oder auch ein geistiger Lehrer sein, ganz egal um wen es sich handelt. Lassen Sie diese Person vor Ihrem geistigen Auge erscheinen. Fühlen Sie nach, welche Gefühle aufsteigen, wenn Sie sich dieses Wesen und damit verbundene Situationen vor Augen führen. Führen Sie diesen Schritt der Meditation so lange durch, bis Sie das Gefühl, das mit der Person oder Situation verbunden ist, ganz deutlich und klar wahrnehmen können.

- Als nächsten Schritt in dieser Meditation können Sie nun ein geistiges Bild von jemandem erscheinen lassen, den Sie mögen (aktiviert den PFC und schüttet Oxytocin aus) bzw. dem Sie sich verbunden fühlen. Lassen Sie sich noch mehr von diesem angenehmen und warmen Gefühl ausfüllen, das sich entwickelt. Führen Sie diese Anweisung so lange aus, bis sich das wohlige Gefühl im ganzen Körper ausgedehnt hat und den ganzen Raum ausfüllt.

- Dieses angenehme und wohlige Gefühl können Sie nun auf sich selbst und Ihre eigenen Probleme bzw. die Dinge, die Sie lieber nicht getan hätten, auf die eigenen Schuldgefühle ausdehnen. Lassen Sie genau diesen ungeliebten Gefühlen, den Schuldgefühlen und Problemen in Ihnen diese angenehmen Gefühle von Akzeptanz, Wertschätzung und Zuneigung zukommen. Anstatt diese Schuldgefühle weghaben und vernichten zu wollen, akzeptieren Sie ihre Existenz und können so beobachten, was das in Ihnen bewirkt.

- Wenn Sie wollen, können Sie diese Meditation mit dem Wunsch „Möge ich zufrieden und glücklich sein; mögen alle Wesen zufrieden und glücklich sein" beenden, wenn es für Sie stimmig ist.

Selbstkontrolle

Wenn man an das Wort Selbstkontrolle denkt, so verbindet man es mit der Erziehung (man macht so was nicht) und auf diese Weise mit einer Einengung der Möglichkeiten und einem latenten Schuldgefühl, wenn man diesen Anforderungen nicht folgen konnte.

Grundsätzlich ist diese Anforderung richtig und korrekt, Sie wollen nicht mehr den (unbewussten) Trieben unterworfen sein, Sie wollen und sollen sich selbst leiten. Auch das andere Extrem wollen Sie vermeiden – von Ihren großen Trieben beherrscht zu werden, von Wut, Gier oder Aggression so weit gesteuert zu werden, dass Sie Dinge sagen oder tun, welche Sie nachher bereuen.

Selbstkontrolle, wie sie im Rahmen dieses Programmes verstanden wird, bedeutet keine Einschränkung auf gewisse von außen vorgegebene soziale oder kulturelle Normen und Wertvorstellungen, sondern fordert vielmehr Ihre geistige Präsenz, Ihre Achtsamkeit, um sie ausführen zu können. Aus buddhistischer Sicht geht es darum, sich bewusst zu sein, was man tut, seine Handlungen ganz bewusst auszuführen und nicht wie ferngesteuert und automatisiert durch das Leben zu laufen. Was der Inhalt dieser Handlung ist, steht hier gar nicht zur Debatte, solange sie durch Sie selbst aktiv kontrolliert und nicht subtil gesteuert erfolgt.

Dieses Verhalten wird durch den im Anhang beschriebenen ACC (Anteriorer Cingulärer Cortex) gesteuert. Die Gehirnforschung zeigt, dass bei den meisten Kindern im Alter von 3–6 Jahren dieser Bereich noch gering entwickelt ist – damit macht eine Form der aufoktroyierten (Selbst)Kontrolle in diesem Alter durchaus Sinn, da Kinder diese Fähigkeit noch nicht selbst ausüben können. Es wird zu oft übersehen, dass ab dem sechsten Lebensjahr die Fähigkeit zur Selbstverantwortung des Kindes stärker wird und es zunehmend selbst in der Lage ist, diese Aufgabe zu übernehmen, und das auch tun sollte. Weiters ist anzumerken, dass der ACC durch (regelmäßige) Meditation gestärkt wird und so die gewünschte Form der Selbstkontrolle ganz automatisch vorherrschend wird, ohne Sie dabei einzuengen.

Übung 10: Selbstkontrolle in schweren Situationen
Diese Übung ist nicht im stillen Kämmerchen und unter besonders optimalen Bedingungen einsetzbar, sondern erfordert, dass Sie diese im täglichen Leben anwenden. Immer wenn Sie bemerken, dass Sie intuitiv oder emotional reagieren wollen, halten Sie für drei Atemzüge inne, bevor Sie reagieren.
Das bedeutet aber nicht, drei Atemzüge lang nachzudenken, was Sie am besten sagen oder wie Sie am besten kontern könnten, sondern mit Ihrer Aufmerksamkeit und Achtsamkeit ganz beim Atemzug selbst zu sein oder, wenn es aufgrund der Emotionalität nicht möglich ist, mit Ihrer Achtsamkeit zu den Füßen zu gehen. Wenn danach noch der Wunsch oder Bedarf besteht zu reagieren, können Sie das dann immer noch tun. Auf diesem Weg erlangen Sie Selbstkontrolle, ohne sich direkt und hart einzuschränken – Sie durchbrechen lediglich das Muster von Aktion und sofortiger intuitiver Reaktion. Wenn es Ihnen schwer fällt, geistig auf den Atem zu gehen (bei besonders intensiven Situationen), hat es sich als besser erwiesen, mit der Achtsamkeit auf die Füße zu gehen, wodurch eine bessere Erdung erreicht wird.

Machen Sie diese Übung aber nicht zum Drama. Gerade am Anfang werden Sie wahrscheinlich meist eine Situation vorfinden, in der Sie die Übung machen hätten sollen. Das ist normal, wenn die Achtsamkeit noch nicht trainiert ist, so bemerken wir vielleicht in einer von 10 oder einer von 100 Situationen, dass diese Übung dran wäre.
Aber Sie bemerken es zumindest – das allein ist schon ein Fortschritt.

Stimmungen & Wahrnehmung

Eine Stimmung wird in der Psychologie als eine länger andauernde Form des Fühlens beschrieben, welche Erlebnisse und Erfahrungen dauernd einfärben kann. Eine Stimmung ist etwas, das subtil und meist aus der (unbewussten) Bewertung der auf ein Individuum oder eine Gruppe eintreffenden Sinnesreize und Gedanken entsteht.

Neben der Funktion der Gedankenbildung weisen Stimmungen eine weitere bedeutende Aufgabe auf – sie erlauben es, sich mit der Umgebung zu synchronisieren. Sie kennen es sicher: Sie betreten einen Raum, in dem bereits Menschen sitzen, und haben gleich ein gutes oder weniger gutes Gefühl. Genau das ist es – die bewussten und unbewussten Wahrnehmungen, auch die verschiedenen Schwingungsebenen der Menschen im Raum werden von Ihnen reflektiert und gegenüber dem eigenen Muster bewertet. Und so kommt es zu Ihrer Stimmung.
In der potentiellen Auswirkung, welche eine Stimmung auf Ihr Erleben hat, liegt das Problempotential, aber auch das positive Potential begründet. Wenn man eine schlechte Stimmung hat, kann das, was man erlebt, gar nicht toll genug sein – es wird trotzdem einen schalen Beigeschmack haben. Umgekehrt jedoch kennt man, dass bei einer guten oder überschwänglichen Stimmung fast jedes Erlebnis toll, großartig und beglückend ist. Um Ihr Erleben zu verändern, ist es naheliegend, an diesem Filter, der Stimmung genannt wird, anzusetzen.

Um mit Stimmungen arbeiten zu können, sind zwei Ansätze wichtig. Einerseits müssen Sie lernen, den **unbewussten Teil der Wahrnehmung**, der Ihre Stimmungen bewirkt und verstärkt, sichtbar zu machen, gleichsam in das Rampenlicht zu ziehen. Zu diesem Zweck ist es hilfreich, eine Stimmung zu zerlegen *(reverse engineering)*, also zu ergründen, woher sie kommt und wie sie entstanden ist. Allzu oft haben wir eine bestimmte Stimmung, sind vielleicht latent traurig, enttäuscht oder verärgert und wissen eigentlich gar nicht warum und glauben, dieser Stimmung

ausgeliefert zu sein. Wir nehmen an, dass eine Stimmung „einfach so"
kommt – aber in der Realität hat eine Stimmung immer einen oder mehrere
Auslöser. Wenn Sie es schaffen, dem auf den Grund zu gehen, haben Sie
ein Erkenntnispotential. Sie können sehen, was der oder die Auslöser waren
und wie der ganze Prozess vom oftmals unscheinbaren Auslöser hin zu
einer Stimmung abläuft. Wenn Sie diesen Weg verstanden haben, können
Sie die Auslöser modifizieren und werden sich der Stimmung auch nicht
mehr derart ausgeliefert fühlen, Sie kennen ja schließlich mittlerweile ihre
Funktionsweise.

Der zweite Aspekt betrifft das Thema der **Synchronisation mit der
Umgebung**. Es gibt kein Patentrezept, ob Sie sich in einer Situation von
einer Stimmung leiten lassen sollen oder gegen sie arbeiten sollen, *it
depends*, würde man wohl sagen. Was Sie aber mit diesem Training lernen
sollen, ist das ganz bewusste Erkennen der vorhandenen Stimmung als die
Grundlage für Ihre Entscheidung, ihr nachzugeben oder nicht. Die
Stimmung, die in solchen Situationen entsteht, zu erkennen, zu analysieren
und dann für sich selbst zu entscheiden, wie man vorgeht, ob es in der
Situation klug ist, mit oder genau gegen die Stimmung zu arbeiten. Aber
Sie entscheiden sich dann bewusst für eine Richtung (auch wenn sich diese
vielleicht als die falsche herausstellt) und gehen nicht ungewollt mit einer
Stimmung mit.

Übung 11: Analyse einer Stimmung
Wenn Sie eine Stimmung bei sich selbst bemerken und Sie bereits
in der Meditation geübt sind, ergibt sich die Gelegenheit, dieser
Stimmung auf den Grund zu gehen. Sie können sie analysieren,
ohne sich in den Details zu verstricken oder forttragen lassen.
Diese Art der Meditation wird Kontemplation genannt.
Dazu setzen Sie sich entweder in Meditationshaltung oder eine
andere angenehme Sitzhaltung, sorgen dafür, ungestört zu sein,
und lassen Ihren Geist mit einer der Methoden der
Ruhemeditation, welche Sie bereits erlernt haben, zur Ruhe
kommen. Anschließend können Sie sich entweder selbst durch
die folgende Fragenliste führen oder sich von jemand anderem
anleiten lassen. Sie sollten in dieser Kontemplation selbst
vermeiden, Notizen zu machen, da es den Übungsfluss stört.
Wenn es Ihnen ein Bedürfnis ist, können Sie das nach der Übung
machen. Jene Dinge, die wirklich bedeutend sind, bleiben Ihnen
bis dahin in Erinnerung.

- Was ist es, wie könnte ich diese konkrete Stimmung beschreiben oder definieren, wodurch zeichnet sich diese Stimmung im Vergleich zu anderen Stimmungen aus? Was macht sie eindeutig und besonders?

- Wie bemerke ich es, wenn diese Stimmung anwesend ist? Welche körperlichen und geistigen Anzeichen oder Auswirkungen kann ich mit dieser Stimmung verbinden? Gibt es Spannungen, Druck oder andere Empfindungen?

- Was macht diese Stimmung mit mir, wie beeinflusst Sie mein Wohlgefühl, mein Verhalten, mein Denken?

- Woher kommt diese Stimmung, aus welchen Quellen nährt sie sich? Was macht sie stärker, dominant und was schwächt sie ab?

- Was ist das Gute und Schlechte an dieser Stimmung. Bin ich mir bewusst, dass es immer gute und schlechte Seiten geben muss? Finde ich die beiden Seiten in der von mir betrachteten Stimmung?

- Wo führt mich diese Stimmung hin, wenn ich ihr unreflektiert nachgebe?

- Wie kann bzw. will ich diesen Zustand verändern? Welche Dinge will ich ändern, welche positiven Dinge stärken?

Übung 12: Das Buch des Positiven
Diese Methode verwendet man, um auf einer bereits erlebten positiven Emotion länger zu verbleiben bzw. diese zu steigern und so die Stimmung positiv zu färben. Erfahrungen zeigen, dass es mit dieser Übung sehr gut möglich ist, bei Menschen mit schlummernden positiven Erinnerungen, derer sie gar nicht gewahr sind, angenehme Gefühle und eine positive Stimmung wieder präsent zu machen. Mit dieser Übung fokussieren Sie Ihre Achtsamkeit stärker auf das Gute und Schöne.

Dazu beschaffen Sie sich ein Notizbuch und nehmen sich am ersten Tag 20 Minuten Zeit.

Auf der ersten Seite können Sie nun jemand/etwas/eine Erinnerung als Überschrift schreiben, die immer gute Gefühle bei Ihnen auslöst. Beschreiben Sie nun, was Sie daran genau mögen, warum das ist, was sind die guten Aspekte. Aber Ihre Aufgabe liegt nicht in einer sturen Fragebeantwortung, sondern darin, kreativ und in der Wahl der Mittel frei zu sein – ob es sich um Freitext, Notizen, Skizzen, Collagen handelt –, was auch immer dazu geeignet ist, für Sie persönlich darzustellen, warum gerade diese eine Sache so angenehm ist, können und sollen Sie verwenden (interessanterweise wirken grafische Darstellungen besonders intensiv auf unser Gehirn).

Das machen Sie, solange Sie Spaß dran haben, diese Beschreibung zu erstellen, zu ergänzen oder zu verbessern. Abschließend können Sie das Erstellte lesen und sich am Gesamtbild dieses positiven Erlebnisses erfreuen.

Beim nächsten Mal (das muss nicht sklavisch jeden Tag sein) nehmen Sie sich eine neue Seite in diesem Buch und versuchen es mit einem anderen Thema oder Begriff, der Sie positiv stimmt. Weichen Sie dabei aber nicht von Ihrem gewählten Begriff ab – oft kommt es vor, dass Ihnen bei der Beschreibung eines positiven Begriffs weitere angenehme Begriffe oder Dinge einfallen. Dazu hat es sich bewährt, eine eigene Seite vorzusehen und eine Liste potentiell weiterer Themen zu führen. Wenn Sie das nächste Mal mit dem Notizbuch arbeiten, können Sie sich von der Liste inspirieren lassen. Diese soll aber keinesfalls eine To-do-Liste an abzuarbeitenden Begriffen werden!

Einen ersten Effekt hat die Übung bereits beim Erstellen des Buches selbst, Sie sollten aber das Buch auch weiter nutzen. Wenn Sie sich „down" fühlen oder Aufmunterung benötigen, rekapitulieren Sie das Buch.

Wenn Sie möchten, können Sie sich auch einen besonderen Anlass (z.B. einen Tag) nehmen und sich ganz bewusst Zeit nehmen und vielleicht sogar in einem persönlichen Ritual das Buch lesen oder anderweitig nutzen.

Rollentrennung

Eine bedeutende Übung für Menschen in der westlich-industrialisierten Zivilisation ist es, die unterschiedlichen Rollen, welche man in seinem täglichen Leben einnehmen kann und muss, bewusst aufzutrennen. Menschen besetzen im beruflichen und privaten Leben eine ganze Reihe von Rollen wie beispielsweise Anführer, Entscheider, Helfer etc. Oft sind wir gewohnt, in unserer beruflichen Tätigkeit ein bestimmtes Set an Rollen auszufüllen. Wenn Sie eine Führungskraft sind, so handelt es sich dabei naturgemäß meist um leitende und führende Rollen. Wenig bewusst ist aber, dass Sie auch eine untergebene Rolle (gegenüber Ihrer Führungskraft oder anderen Mächten) ausüben müssen, dazu später mehr.

Eine große Herausforderung und auch ein Grund für die ansteigende Burnoutrate liegt darin, dass sehr viele Menschen versuchen, diese führenden und sehr fordernden Rollen in ihrem ganzen Leben über den ganzen Tag hinweg auszufüllen und sie dabei nicht nur auf soziale Barrieren stoßen, sondern auch selbst viel Energie verlieren und sich nur schwer regenerieren können. Die Fähigkeit, Rollen zu wechseln, ist ein Unterschied zu den Tieren, welche dazu nicht oder nur kaum in der Lage sind. Wir haben als Mensch also ein großes Potential, das wir auch nutzen sollten.

Die bewusste Entscheidung, nicht ständig in einer führenden sondern auch in einer geführten Rolle zu sein, erlaubt es Ihnen, die Kraft und Möglichkeit beider Seiten zu nutzen. Einerseits können Sie sich zurücknehmen, wo Ihre Führung nicht unbedingt nötig ist und damit auch einmal anderen Menschen diese Erfahrung ermöglichen[17], andererseits hilft Ihnen die Erfahrung, geführt zu werden dabei, Ihren eigenen Führungsstil zu verbessern bzw. gegenüber den Geführten zu optimieren, da Sie ein besseres (intuitives) Verständnis für diese Rolle erlangen. Bedeutend für diesen Schritt ist es aber, geführt zu werden nicht als eine Niederlage oder Degradierung zu sehen.

Um diese Rollentrennung wirklich gut leben zu können, ist die Entwicklung einer hohen Achtsamkeit nötig, um diesen Vorgang automatisiert durchführen zu können. Da Sie das gerade erst lernen, möchte ich an dieser Stelle eine kontemplative Übung anbieten, welche Ihnen in strukturierter Weise helfen soll, Ihre ausgefüllten Rollen zu erfassen und festzustellen, wann bzw. in welchem Umfeld Sie diese im Moment ausfüllen und wie dies vielleicht in Zukunft aussehen könnte.

---

[17] Und erlaubt es Ihnen, von anderen zu lernen, aus der erlebten Führungspraxis anderer Menschen eigene Erkenntnisse abzuleiten.

Übung 13: Meine Rollen

Diese Übung führt Sie mittels einer schriftlichen Methode durch eine strukturierte Überlegung und Betrachtung Ihrer Lebenssituation. Wählen Sie dazu einen gut überschaubaren Zeitraum, es kann ein Tag, eine Woche oder auch ein Monat sein. Zur Unterstützung dieser Analyse ist es praktisch, wenn Sie Papier, einen Kalender (des betrachteten Zeitraums) sowie verschiedenfärbige Schreibutensilien bereithalten.

- Einleitend versuchen Sie, alle Rollen festzustellen, welche Sie in dem Zeitraum einnehmen. Schreiben Sie jede Rolle mit einem prägnanten Namen auf ein eigenes Blatt Papier.

- Anschließend ist es Ihre Aufgabe, jede Rolle mit ihrem Umfeld zu beschreiben. Unter welchen Umständen, Rahmenbedingungen und wo nehmen Sie diese Rolle ein? Was kennzeichnet diese Rolle, was ist an ihr besonders und wodurch kann man sie abgrenzen. Sollten Sie dabei noch eine Rolle finden, welche Sie zuvor noch nicht genannt haben, so legen Sie auch für diese Rolle einen (neuen) Zettel an.

- Weiterführend sollen Sie nun erarbeiten, wann Sie welche Rolle einnehmen. Gibt es Indikatoren oder Hinweise, welche Ihnen im täglichen Leben helfen können festzustellen, in welcher Rolle Sie gerade sind. Wie bemerken Sie es normalerweise, in der Rolle zu sein?

- Nehmen Sie zwei (oder drei) Farben zur Hand. Weisen Sie eine Farbe allen Rollen zu, welche beinhalten, dass Sie führen, eine andere Farbe für Rollen, in denen Sie geführt werden, und eine dritte Farbe für Rollen, welche beide Komponenten enthalten. Kennzeichnen Sie jede Ihrer Rollen mit der zutreffenden Farbe.

- Wenn diese Aufgabe abgeschlossen ist, nehmen Sie anschließend einen Zeitplan (Tages- oder Wochenplan o.Ä.) zur Hand und tragen die Rollen ein, welche Sie wann eingenommen haben. Wenn es noch Lücken gibt, so ist Ihnen vermutlich die eine oder andere Rolle (noch) durchgerutscht und Sie sollten nachforschen, wie Sie diesen noch unbelegten Raum beschreiben könnten. Dann gehen Sie zum ersten Schritt zurück und arbeiten auch diese Rolle entsprechend auf. Anschließend färben Sie jede dieser Rollen im Kalender mit der zuvor zugewiesenen Farbe ein.

- Betrachten Sie das nun entstandene Bild – finden Sie hier eine Balance oder ist eine der Farben dominant? Ist das Bild für Sie so stimmig, entspricht es Ihrem gewünschten Lebensstil oder widerspricht es Ihren Vorstellungen?

- Abschließend, vor allem dann, wenn Ihnen das Bild nicht stimmig erscheint, besteht die Möglichkeit, Maßnahmen abzuleiten. Wollen Sie vielleicht eine bewusstere Rollensetzung für bestimmte Zeiten oder Umgebungen vornehmen, besteht eventuell der Bedarf, einer ausgleichenden Rolle mehr Raum in Ihrem Leben zu geben? Versuchen Sie zu beschreiben, was Sie verändern möchten (ohne aber in das jeweils andere Extrem zu fallen, sondern eine Balance der Farben herzustellen).

Übung 14: Turn it to the Manager

Wenn man empfindet, zu viel (in seiner Rolle) zu tun zu haben, wenn man Zeit für die wirklich wichtigen Dinge will und glaubt, seiner Rolle und den daraus resultierenden Anforderungen nicht entrinnen zu können, so ist diese Übung hilfreich.

Wenn sich all die Anforderungen, alles, was zu tun ist, auftürmt, so erleben wir oftmals die Situation, derart blockiert oder frustriert zu sein, dass wir erst gar nicht mit der Aufarbeitung all der anstehenden Dinge beginnen können. Diese Übung soll Ihnen dabei helfen, genau diese Hürde zu überwinden.

Zu diesem Zweck können Sie vor Ihrem geistigen Auge die Situation ablaufen lassen, dass Sie der Besitzer Ihres Lebens sind, gleichsam wie ein Unternehmer Besitzer seiner Firma ist. In dieser Firma, vor allem wenn sie groß ist, arbeiten unterschiedlichste Menschen, welche all die Aufgaben erledigen, die nötig sind, um das Unternehmen am Laufen zu erhalten. Bei einem großen Unternehmen wäre es nicht mehr möglich, dass der Besitzer jedem einzelnen Mitarbeiter seine Anweisungen direkt zukommen lässt – er wäre schlichtweg überfordert. Aus diesem Grund hat ein solcher Mensch einen oder mehrere Manager – Personen, denen er sagt, was zu tun ist, und welche sich verlässlich darum kümmern, dass dies auch geschieht.

Genau so können und sollen Sie auch (geistig) mit den Dingen umgehen, die anstehen. Sie können sich vorstellen, einen solchen Manager zu haben. All die Dinge, welche Sie im Moment nicht unmittelbar selbst erledigen können, übergeben Sie diesem Manager – aber nicht generalisiert in Bausch und Bogen, sondern klar und detailliert. Für jede Aufgabe, jeden Task, der ansteht, sehen Sie sich an, was konkret zu machen ist, und vor allem auch, was das Ergebnis sein soll. Mit diesem Wissen beauftragen Sie sodann einen imaginären Manager, der sich darum kümmert. Wenn Sie wollen, können Sie den Auftrag schriftlich formulieren, damit die gemachten Überlegungen nicht verloren gehen.

Bei Ihnen verbleiben jene Dinge, die Sie gleich und selbst erledigen müssen – und das sind nun hoffentlich wenige, welche Sie nicht abschrecken, damit zu beginnen, diese zu tun.

Wenn Sie diese Aufgaben erledigt haben und Ihnen Zeit bleibt, können Sie noch immer einen der Manageraufträge nehmen und ihn selbst erledigen.

Die Wirkung dieser Methode ist insofern interessant, als sie Ihnen nicht nur hilft, den Berg der anstehenden Dinge kleiner und überschaubarer zu machen, sondern dass Sie vielleicht auch feststellen können, dass durch die Übergabe an den Manager etwas passiert, obwohl Sie selbst nichts getan haben. Dinge und Rahmenbedingungen verändern sich und Sie können beim Zurückholen einer Aufgabe vom imaginären Manager oftmals bemerken, dass eine Aufgabe schon deutlich weiter ist, als sie es bei der Übergabe an den imaginären Manager war.

Positionen einnehmen

Ein Ziel dieses Programmes ist es, zwar nicht mehr alles so direkt und absolut zu steuern, aber keinesfalls sich treiben zu lassen und nur noch auf die Intuition oder andere Eingebungen zu vertrauen. Gerade vor Gesprächen oder anderen wichtigen Situationen ist eine strukturierte Form der Verhandlungsvorbereitung günstig und wertvoll. Letztendlich geht es darum, ganz klar eine Position einzunehmen, sich dieser bewusst zu sein und diese auch in einem sinnvollen Maß zu verteidigen, ohne aber einer Möglichkeit zum Kompromiss entgegenzustehen.
Um das zu erreichen, ist es günstig, sich vor einer solchen Situation folgende grundsätzliche Fragen zu stellen:

- Wo bin ich: Wie sieht meine Verhandlungsposition aus, wie stark oder schwach ist meine Position fachlich und auch sozial, wo sind meine Stärken und meine Schwachpunkte? Gibt es hier noch Änderungsmöglichkeiten?

- Was will ich: Was will ich erreichen, was ist mein Optimalziel, aber auch zu überlegen, wie weit ich mein Ziel für einen Kompromiss zurücknehmen kann.

- Was will ich keinesfalls: Was darf keinesfalls in der Verhandlung passieren? Idealerweise sollten Sie in der Vorbereitung sogar so weit gehen, für sich zu definieren, ab welchem Punkt es Sinn macht, eine Verhandlung zu unterbrechen oder gar abzubrechen.

- Was sind meine Ziele (vergleiche mit Ziele vorher). Mit all den Betrachtungen ist es klug, die ursprünglichen Ziele nochmal zu rekapitulieren, sie ggf. zu modifizieren oder aber zumindest klarer darzustellen.

Übung 15: Fokusrad
Diese Übung können Sie anwenden, wenn Sie sich von negativen Gefühlen und Emotionen im Vorfeld einer wichtigen Situation (Verhandlung, Gespräche, Prüfung, ...) eingeengt fühlen und eine Befreiung daraus suchen. Veranschlagen Sie für diese Übung eine Dauer von 10–20 Minuten.

Nehmen Sie sich dazu ein Blatt Papier und zeichnen Sie zwei konzentrische Kreise. Legen Sie nun Ihren Fokus auf den inneren Kreis und schreiben Sie dort auf, was Sie nicht wollen und das was (vermutlich) zu dem schlechten Zustand geführt hat oder zu diesem unerwünschten Zustand führen könnte. Alles Unerwünschte, Gefürchtete und Negative soll und kann sich in diesem Kreis wiederfinden.

In den äußeren Kreis schreiben Sie im Anschluss daran, was Sie wollen, wie das Ziel aussieht, das sie erreichen wollen, wie es sich anfühlt. Alles, was Sie als erfreulich oder gut empfinden, soll nach und nach die unerwünschten Dinge umhüllen und einschließen.
Sitzen Sie nun einige Momente in Stille und betrachten Sie das entstehende Gefühl.

Spirituelle Aktionen

Die nun folgenden Ansätze im spirituellen Bereich haben in ihrer Basis wenig mit Religion oder Glaube zu tun. Der Inhalt dieses Kapitels ist es vielmehr, aktiv und bewusst mit den (höheren) Fähigkeiten Ihres Gehirns zu arbeiten und Integrität tatsächlich auf allen Ebenen zu erlangen. Das Gehirn ist nicht so fix und unveränderlich, wie man glaubt, sondern kann durch Übung und Training verändert werden (siehe Neuroplastizität). Das ist die gute Nachricht, wenn Sie sich verändern dazulernen oder entwickeln wollen – es ist möglich. Leider ist aber auch der Umstand damit verbunden, dass bereits einmal erlangte Fähigkeiten bei Nicht-Ausübung wieder verkümmern bzw. verloren gehen können. Es liegt an Ihnen, wie Sie diesen Umstand nutzen. In der Folge werden nun unterschiedliche Bereiche mit Übungen behandelt, welche Ihre spirituelle Ebene ansprechen bzw. Ihnen helfen, stärker mit der (absoluten) Realität in Berührung zu kommen und so eine neue, ungewohnte Basis für Ihre Leadership-Tätigkeiten zu gewinnen.

Die Achtsamkeit entwickeln und stärken

Der Begriff der Achtsamkeit ist mittlerweile in unterschiedlichsten Fachgebieten weit verbreitet und hat bereits seinen Eingang in die Managementliteratur gefunden.

Was bedeutet eigentlich Achtsamkeit?

Grundsätzlich beschreibt der Begriff Achtsamkeit, dass man voll und ganz bei einer Sache ist. Im Weltlichen kann das eine Aufgabe oder auch Tätigkeit sein. Wenn man achtsam ist, widmet man sich geistig ausschließlich diesem Thema, der Geist schweift nicht ab, was ansonsten seine übliche Tendenz ist.

Wenn Sie eine Tätigkeit wirklich achtsam machen wollen, so ist das genau das Gegenteil des derzeit modernen und propagierten Multitaskings.

Oftmals machen Sie es wahrscheinlich bereits intuitiv – wenn Sie ein schweres Problem zu lösen haben oder ein komplexes Konzept zu schreiben, so drehen Sie Ihr Handy ab, deaktivieren E-Mail und den Chat auf Ihren Computer und ziehen sich an einen ungestörten Ort zurück. Das ist gut und richtig – auch wenn der Geist in seiner Unruhe bald Ablenkung sucht (Musik, Gedankenspiele, …), ist es doch am zielführendsten, so zu arbeiten – ganz auf das zu Machende fokussiert zu sein.

Achtsamkeit bedeutet aber auch, die Dinge sehr bewusst und gewissenhaft zu machen, wirklich voll und ganz bei der Tätigkeit zu sein. Meist (gerade am Anfang) führt das zu einer Verlangsamung und Sie könnten in die Versuchung gelangen, schneller werden zu wollen. Weitere Ansätze zur Achtsamkeit können Sie neben KHEMA 2011 auch SCHINAGL & CRISAND 2010 entnehmen.

Nach einiger Zeit werden Sie aber erkennen, dass der Output letztlich gar nicht geringer ist, wenn Sie auf diese Weise agieren. Oder wie ein berühmter Mensch sagte: Wenn du etwas schnell machen willst, dann tu es langsam.

Ein weiterer nicht zu unterschätzender Effekt liegt darin, dass Sie durch die Achtsamkeit eine Tätigkeit besonders oder wertvoller machen können. Alles, was Sie auf diese Weise mit mehr Achtsamkeit ausführen, macht nachher Freude – ganz von selbst. Und Freude ist wiederum ein bedeutender Beitrag zu Ihrem Selbstwert.

Übung 16: Achtsamkeit im Alltag
Suchen Sie sich bewusst eine wiederkehrende kurze Aufgabe, welche Sie mehrmals pro Woche ausführen. Diese definieren Sie nun als Ihre meditative Aufgabe im nächsten Monat. Jedes Mal, wenn diese Aufgabe ansteht, werden Sie sich bewusst, dass Sie dieser Aufgabe nun Ihre ganze und ungeteilte Aufmerksamkeit zuwenden wollen. Sorgen Sie durch geeignete Maßnahmen dafür, dass Sie im (kurzen) Zeitraum der Ausführung dieser Aufgabe wirklich ungestört sind und die Aufgabe in jener Geschwindigkeit machen können, welche für Sie stimmig ist. Dann machen Sie sich an die Aufgabe und führen diese ruhig und gelassen aus (ohne sie extrem zu verlangsamen – Zeitlupe ist nicht gewünscht). Ihre ganze

Aufmerksamkeit bleibt bei der Aufgabe – bei den einzelnen Bewegungen, Schritten und Tätigkeiten und auch den resultierenden Empfindungen und Gefühlen (ohne sie zu kommentieren).

Nach einiger Zeit der Achtsamkeit können Sie dabei möglicherweise auch Ihre immer ablaufenden Kategorisierungen und Interpretationen der wahrgenommenen Dinge bemerken und damit vielleicht eine neue Facette ihrer Wahrnehmung kennenlernen.

Wenn Sie diese Aufgabe abgeschlossen haben, stellen Sie auch das fest und beenden Sie (formell) die Übung. Wenn Sie wollen, können Sie auch kurz zurückblicken, wie es ihnen dabei ergangen ist.
Und wenn Sie es übersehen haben, dass die Übung angestanden ist – kein Problem, die Aufgabe kommt ja wieder.

Übung 17: Achtsamkeitspausen

Achtsamkeitspausen sind die Unterbrechung einer Tätigkeit (vor allem wenn diese länger dauert bzw. monoton ist) durch kurze, ganz bewusste Momente. Man nimmt sich dazu entweder eine Standard-Tätigkeit (früher waren das die Rauchpausen) oder einen anderen Anker (ein Bild oder Symbol, auf welches der Blick fallen kann). Für Technikfreaks gibt es auch kleine Computerprogramme, welche zufallsgesteuert auf Achtsamkeitspausen hinweisen.

Immer wenn Sie den gewählten Anker sehen, fokussieren Sie sich drei lange, ruhige Atemzüge nur auf sich, auf den eigenen Atem, gehen in der Wahrnehmung nach innen und lassen in der kurzen Zeit ruhen, was Sie zuvor getan haben.
Anschließend gehen Sie wieder der dadurch unterbrochenen Tätigkeit nach.
Eine besondere Variante dieser Übung ist die Vor-Telefonannahme Achtsamkeitspause, bei welcher Sie ein dreimaliges Klingeln nutzen können, um ganz bewusst zu sich zu kommen, bevor Sie abheben. Sie werden ggf. bemerken, dass das Gespräch in einer anderen Qualität verlaufen kann.

Übung 18: Bewusstes Essen

Achtsamkeit bedeutet nicht immer nur Arbeit und fokussieren auf Tätigkeiten. Auch angenehme Dinge wie beispielsweise die Nahrungsaufnahme können als Achtsamkeitsübung (mit interessanten Effekten) durchgeführt werden.

Nehmen Sie sich eine Mahlzeit lang den Raum, ganz bewusst mit allen Sinnen bei dem, was Sie gerade essen, zu sein, mit ungeteilter Achtsamkeit zu essen (das widerspricht natürlich dem Sinn jedes Geschäftsessens!).

Richten Sie all Ihre Sinne auf die Mahlzeit, die Sie gerade zu sich nehmen, sehen, riechen, schmecken, fühlen oder auch hören Sie das, was Sie gerade essen. Daraus resultiert, bei dieser Übung wenig oder nichts zu sprechen, die Mahlzeit schweigend einzunehmen.

Und noch etwas gehört zu dieser Übung: Jeder einzelne Bissen soll ganz bewusst wahrgenommen werden. Das widerspricht den üblichen Essgewohnheiten, einen Bissen im Mund zu haben, bereits die Gabel wieder an den Mund zu führen und auf dem Teller schon den nächsten Happen vorzubereiten. Wenn Sie so essen, sind Ihr Geist und Ihre Achtsamkeit an mindestens drei Stellen mehr oder weniger gleichzeitig und damit zerstreut und nicht gebündelt.

Probieren Sie es einmal aus, eine solche bewusste Mahlzeit zu sich zu nehmen und zu erleben, welche neuen geschmacklichen Erfahrungen Sie machen können.

In der Meditation ist die Achtsamkeit die Grundlage, indem man sie entweder auf ein Objekt richtet (Atem, Körper, …), um zur Ruhe zu kommen, oder aber mit dem zu sein, was hochkommt, um sich selbst besser kennenzulernen.

Wirklichkeit – oder das Erleben der Welt

Das persönliche Erleben ist durch das Ausmaß dessen, was man glaubt (was möglich sei), eingeschränkt. Der Erlebnis-Möglichkeitsraum reicht genau so weit, wie es Prägung und eigener Glaube zulassen. Das bedeutet – wenn Sie Ihre Prägungen und Ihre Vorurteile überwinden können, so ist es möglich, eine neue, umfangreichere Wirklichkeit zu erleben. Stellen Sie sich aber darunter nicht eine andere Welt, eine zusätzliche Dimension oder psychedelische Erfahrungen vor, sondern erwarten Sie „lediglich" ein klareres Erleben und vielleicht, dass plötzlich Dinge möglich werden, von denen Sie dachten, dass sie unmöglich sind.

Wenn man diesen Gedanken weiterführt, so gelangt man beim Begriff der Intention an, welcher durch *The Law of Attraction* (ESTHER & JERRY HICKS) bekannt wurde: Dieses Konzept besagt, dass man immer das bekommt oder erlebt, was man intendiert, egal was der Verstand sagt. Das passiert auf einer dem Verstand nicht zugänglichen Bewusstseinsebene, wobei diese Quelle aber nicht das Unterbewusstsein ist. Gemäß dieser Idee kommt ein Ereignis immer zustande, indem die Intention der beteiligten Person(en) mit der Intentionsrichtung eines möglichen Ereignisses übereinstimmt und so Realität wird. Der Ansatz wird zwar manchmal zu weit getrieben, indem er versucht, zu erklären, dass all unsere Erlebnisse, auch die unangenehmen oder gar traumatischen, ja von uns selbst gewünscht waren – aber die grundlegende Tendenz ist nicht zu leugnen.

Übung 19: Unser Lebensmuseum
Diese Kontemplation dient dazu, sich mit den Werten, Aktionen und Prioritäten Ihres Lebens auseinanderzusetzen. Setzen Sie sich dazu in eine meditativ-aufrechte Position und erwägen Sie die folgenden Fragen instinktiv (ohne zu viele intellektuelle Erklärungsversuche) bzw. lassen Sie die angesprochenen Bilder vor Ihrem geistigen Auge entstehen.

- Ein durchschnittliches Leben sind für Männer 28.000, für Frauen 30.000 Tage. Wie viele davon habe ich bereits erlebt, was liegt potentiell noch vor mir?

- Diese Tage werden alle in einem Museum, im Museum meines Lebens ausgestellt. Kann ich ein Bild dieses Museums vor meinem Auge entstehen lassen?

- In dem Museum ist jeder Tag, seine Gefühle, die Menschen, mit denen ich zusammen war, und was ich getan habe, repräsentiert. Wie geht es mir damit, wenn das Museum geöffnet ist, wenn Menschen – egal ob Freunde oder unbekannte Menschen – mein Leben betrachten?

- Welche Räume oder Abteilungen hat das Museum, wie groß sind sie, wie sind sie gestaltet? Was sind die präsentesten Themen?

- Gibt es Räume, die zeigen, was ich nicht mag, die am besten versteckt oder gar versperrt werden sollen? Wie sehen die Räume aus, welche Farben und Gestaltungen weisen sie auf?

- Finde ich die Ausstellung so gut oder sollte etwas mehr oder weniger repräsentiert sein?

- Das Museum hat auch noch leere Räume, die ich noch durch mein Leben füllen werde. Ist mir bewusst, dass ich deren Größe nicht abschätzen kann, ob es ein Raum oder ein ganzer Flur ist – wer weiß?

- Womit möchte ich diese Räume füllen, welche Schwerpunkte sollen diesem Museum noch hinzugefügt werden? Welche Exponate sollten noch hinzukommen?

- Was will ich in meinem Leben verändern oder weitermachen, um das Museum so zu erweitern, wie ich das gerne hätte?

Brahmavihara

Was die Brahmavihara sind, wurde bereits in einem vorherigen Kapitel beschrieben, es sind die sogenannten göttlichen Verweilungszustände, also geistig wunderbare Erfahrungen.

Im Rahmen der spirituellen Aktionen geht es nicht darum, der einen oder anderen Religion zuzusprechen (wenn auch diese vier Zustände bei genauer Betrachtung den Kern vieler Religionen darstellen), sondern darum, diese angenehmen Zustände für sich selbst herzustellen und genießen zu können.
Klassisch wird dafür in der buddhistischen Lehre eine Reihe an Meditationsmethoden angeboten. Diese sind sehr wertvoll und sollten auf jeden Fall von Buddhisten geübt werden.
Daneben möchte ich aber doch ein paar Übungen (eine konnten Sie bereits in einem früheren Kapitel finden) anbieten, die im täglichen Leben hilfreich sind, diese Geisteshaltung zu fördern, ohne dass Sie sich dafür in eine Meditationsklausur begeben müssen.

Übung 20: Die Mitmenschen segnen

Dieser Ansatz wird Ihnen wohl auf den ersten Blick etwas eigenartig vorkommen, da das Wort Segen doch sehr stark mit Religion verbunden ist. Tatsächlich geht es in dieser Übung darum, den Umgang mit anderen, insbesondere schwierigen Menschen zu verändern. Gerade dann, wenn Sie oft mit schwierigen Menschen zu tun haben und das nicht vermeiden können, stellt diese Übung eine Möglichkeit dar, Ihr Erleben der Situation zu verändern.

Die Aufgabe der Übung ist kurz und knapp erklärt. Jeder Mensch, der Ihnen begegnet, wird von Ihnen (innerlich) gesegnet. Sie können und sollen den Menschen etwas Gutes und Schönes wünschen. Egal wie unangenehm der Mensch ist, egal wie unfair er Ihnen gegenüber auftritt. Das heißt aber keinesfalls, dass Sie damit die womöglich ungerechtfertigten Aktionen dieses Menschen für gut befinden, es bedeutet vielmehr, dass Sie den inneren (guten) Kern dieses Menschen sehen, akzeptieren und wertschätzen. Damit ist die Übung schon erklärt – lassen Sie sich von Ihrer Wirkung überraschen.

Zur Unterstützung (um nicht auf die Anwendung dieser Übung zu vergessen) ist es gut, einen Anker zu haben, beispielsweise ein Armband oder eine andere körpernahe Sache, welche Sie untertags immer wieder daran erinnert zu üben.
Eine Variante dieser Übung ist es auch, bei einem Anruf nicht sofort abzuheben, sondern während ein oder zwei Mal läuten den Anrufer zu segnen, bevor man abhebt. Auch hier kann es interessante Wirkungen geben.

Anhaften und Loslassen

Das Thema Leid oder besser das Nicht-Zufriedenstellende ist im Buddhismus, wie Sie bereits gelesen haben, ein durchdringendes Thema. Dabei geht es aber keinesfalls darum, dass Dinge, Menschen oder Situationen die Ursachen sind, welche Ihnen das Leid bringen, sondern vielmehr der Umgang damit. So ist es völlig falsch, wenn immer wieder postuliert wird, dass Buddhisten wie ein Stein werden sollten und sich an nichts mehr erfreuen dürfen.

Das, was das Leid bringt, ist die Anhaftung.

Nehmen wir ein Beispiel: Sie fahren in den langersehnten Urlaub und erleben einen wirklich traumhaften Tag. Üblicherweise ist es so, dass Sie sich später danach zurücksehnen (z.b. Bilder betrachten, in Erinnerungen schwelgen), traurig sind, nicht immer einen solchen Tag erleben zu können, vielleicht sogar fürchten, nie wieder einen so schönen Tag zu erleben, oder aber den wunderbaren Tag selbst gleich negativ färben, indem Sie sich wünschen, dass Sie ihn doch mit dem Partner erleben könnten, der Sie vor einem Jahr verlassen hat, und plötzlich im Gefühl von Verlust und Schmerz sind. Wenn Sie wieder auf Urlaub sind, dann erwarten Sie sich, dass Sie einen noch besseren Tag genießen können als letztes Mal und sind dann enttäuscht, wenn das nicht der Fall ist

Wie sehr könnten Sie doch den Tag genießen, wenn Sie das Loslassen praktizieren könnten? Es hört sich unglaublich an, aber doch ist es ein interessanter Weg. Lassen Sie nochmals die Situation erschienen – den schönen Urlaubstag dürfen und sollen Sie durchaus genießen, genau im Moment. Wenn der Moment wunderbar ist – super, aber Sie müssen den Moment vergehen lassen, es kommt ein neuer Moment mit neuen Qualitäten. Auf diese Weise können Sie sich von einem großen Anteil des Leides befreien.

Wenn man sich für etwas entscheidet, ist es gleichzeitig ein Loslassen der anderen möglichen Optionen. Auch wenn es Ihnen nicht bewusst ist: Wenn Sie entscheiden wollen/lernen müssen Sie loslassen lernen – entscheiden bedeutet immer, eine der möglichen Optionen loszulassen.

*Obwohl wir in dem Glauben erzogen worden sind, dass uns nichts bleibt, wenn wir loslassen, beweist das Leben selbst doch immer wieder das Gegenteil: Loslassen ist der einzige Weg zu wahrer Freiheit. (*TIBETISCHES TOTENBUCH*)*

Übung 21: Nicht-fokussierte Atembetrachtung
Diese meditative Übung ist für bereits erfahrene Meditierende empfohlen, welche die Atembetrachtung kennen und auch gut beherrschen. Wenn Sie mit Ihrer Achtsamkeit dauerhaft auf dem Atem verbleiben können, so besteht die Möglichkeit, nun einen Schritt weiter zu gehen

Setzen Sie sich dazu in Ihrer bevorzugten Position zur Meditation und beginnen Sie mit der Art der Atembetrachtung, wie Sie diese kennen. Wenn der Atem ruhig und gesetzt genug ist und der Geist kaum mehr abschweift, so liegt nun die Aufgabe der Meditation darin, den Fokus der Beobachtung weiter oder weicher werden zu lassen. Die Übung besteht nun darin, nicht mehr einen einzelnen Punkt zu beobachten, sondern einen Bereich, eine Region achtsam wahrzunehmen, um schließlich nur noch den Atemvorgang als ganzen Prozess wahrzunehmen. Letztendlich können Sie sogar noch weiter abstrahieren und die Beobachtung nicht mehr auf den Körper, sondern nur noch auf den Vorgang des Atmens zu legen.

Höhere Einsichten

Im spirituellen Bereich werden eine Reihe von Erfahrungen und Einsichten als höher bezeichnet, da sie üblicherweise nicht unvorbereitet und ohne Beschäftigung mit den Thematiken auftreten. Zu diesen Einsichten gibt es keine direkten Übungen, sie sollen aber an dieser Stelle genannt werden, da sie über verschiedene (andere) Übungen und Lebensänderungen angesprochen werden können.

Mein Ego und ich

Eines der Kernprobleme des Umganges mit uns selbst und der Welt liegt in der Vorstellung einer Persönlichkeit. Wir Menschen unterliegen der Illusion, dass die sogenannten Anhaftungsgruppen (Körper, Gefühle, Wahrnehmung, Geistesformationen und Bewusstsein) zusammen eine besondere Wesenheit, eine andauernde Person darstellen.
Viel Energie verwenden wir darauf, dieses Ego aufzubauen, es zu schützen und davor behüten, angegriffen oder in Frage gestellt zu werden. Gerade weil wir uns im Inneren wohl bewusst sind, wie fragil diese Illusion ist, setzen wir so viel Herzblut in diese Aufgabe.

Das Ich arbeitet hart daran, sich selbst immer wieder zu bestätigen.
Führen Sie sich einmal (als Gedankenexperiment) vor Augen: Wer wird beleidigt und gekränkt, wenn es kein Ego gibt?
Das heißt aber nicht, dass Sie nun Ihr Ego in die Ecke werfen sollen, Ihre Persönlichkeit leugnen und einem intellektuellen Konstrukt anhängen sollen und damit alle Probleme lösen. Wenn Sie das auf diesem Weg versuchen, werden Sie vermutlich nicht erfolgreich sein können.
Gerade das Thema Anatta (Ichlosigkeit) ist eines, das Sie nicht forcieren können und sollen. Wenn es so weit ist, kommt das ganz von selbst, und Ihr Verhältnis zum Ich verändert sich. Aber mit ein paar Übungen ist es möglich, die Dominanz des Egos etwas zu brechen, daher führe ich hier keine direkt zugeordnete Übung an. Je weiter und länger Sie sich (selbst) auf einem geistigen Weg schulen, desto konkreter fällt ganz automatisch die Auseinandersetzung mit dem Ego aus.

bedingte Entstehung und Karma

Den Begriff Karma werden Sie in dem einen oder anderen Zusammenhang schon gehört haben, heute kommt man an diesem Begriff gar nicht mehr vorbei. Oft wird er mystisch erhoben, verklärt oder gar fatalistisch gedeutet.

Hier möchte ich eine sehr einfache und direkte Definition geben: Karma ist eine konkrete Ausprägung des Gesetzes von Ursache und Wirkung. Jede Tat (Ursache) hat eine Auswirkung. Manche Auswirkungen folgen sofort, manche dauern etwas länger. Auch Buddha sagte: Eine Tat ist erst dann vorbei, wenn all ihre Auswirkungen (die sie verursacht hat) vorbei sind. Karma darf aber nicht mit einer Form der übergeordneten Gerechtigkeit verwechselt werden – es geht bei Karma nicht um einen Ausgleich oder einen (göttlichen) Richter, sondern um innere und weiterreichende (spirituelle) Zusammenhänge. Diese Zusammenhänge sind aber einem unerleuchteten Menschen nicht verständlich, es ist also eine Illusion, zu glauben, die Karma-Auswirkung zu kennen oder deuten zu können. Auch ist Karma kein Richter oder Gott, der reagiert, sondern ein ganz neutraler Automatismus.

Die bedingte Entstehung und das Karma laufen, wie bereits erwähnt, zusammen, Karma ist eine konkrete Ausprägung dieser Logik. Grundsätzlich entsteht etwas, wenn die dafür nötigen Ursachen vorhanden sind. Ohne diese Ursachen vergeht es wieder.

Unbeständigkeit und Unvollkommenheit

Ein bedeutendes Grundprinzip, auf welches wir uns geistig einstellen müssen, ist die Unbeständigkeit (Anicca). Das bedeutet kurz gesagt, dass sich alles verändert, nichts bleibt fix. Das ist eine schlechte Nachricht, wenn man schöne Erfahrungen und gute Zustände behalten möchte, eine gute jedoch, wenn man gerade von Schmerz o.Ä. geplagt ist (auch das wird vorbeigehen). Diesen Umstand sollten wir bei der Zielformulierung immer ganz genau im Auge behalten – unser Ziel bewegt sich und bei konservativer Herangehensweise werden wir es wohl nie erreichen.

Eng damit verbunden ist die Unvollkommenheit – es kann nichts geben, was absolut perfekt ist, keine Situation, kein Mensch, kein Ding – da auch hier wieder die Unbeständigkeit am Werke ist. Diese Unvollkommenheit und auch die Unbeständigkeit müssen wir uns im Entscheidungsprozess ganz präsent halten – jede Entscheidung müssen wir in einem Moment treffen, ihre Grundlage kann sich danach schon wieder verändern, und wir müssen diese Entscheidung als unvollkommenes Wesen über etwas Unvollkommenes treffen. Also ist es wohl klar, dass Fehler nicht nur passieren dürfen, sondern sogar müssen.

Das Vollprogramm – SMPLT

Sie sind nun bereit, nach allem, was Sie bisher gelesen und rekapituliert haben, nach der Erfahrung mit der einen oder anderen hilfreichen Übung, sich dem Wandel, der Veränderung Ihres Ichs zu unterwerfen.

Ich gratuliere Ihnen zum Mut, einen neuen, anderen Weg als bisher zu gehen, und dabei auch noch diesen Weg selbst auszugestalten und zu definieren. Aber ich kann Ihnen versichern – dieser Mut lohnt sich.

Das in diesem Kapitel beschriebene Vollprogramm ist ein Schritt für Schritt auf den Konzepten und Ideen der buddhistischen Lehre aufbauendes Programm, das in der beschriebenen Sequenz zu üben ist, da der jeweils angeführte Schritt auf den vorherigen Schritten aufbaut. Jeder Schritt betrifft einen ganz konkreten Aspekt des täglichen Lebens und jeder dieser Aspekte fördert die nachfolgend beschriebenen Bereiche des Lebens.

Die im vorherigen Kapitel dargestellten unterstützenden Übungen können und sollen Sie nach wie vor durchführen, sie bilden den unterstützenden Rahmen dieses Programmes.

Einstieg: Ohne ethische Basis geht es nicht

Die Ethik, egal wie sie in den unterschiedlichen Religionen oder in der Gesellschaft bezeichnet wird, stellt immer den Ursprung eines (spirituellen) Entwicklungsweges dar. Das bedeutet aber nicht, dass Sie an dieser Stelle die zehn Gebote des Christentums oder die fünf Silas des Buddhismus hervorholen müssen und nicht weiter fortschreiten können, ehe Sie diese Vorgaben umfassend einhalten können. In der Erarbeitung Ihrer persönlichen ethischen Basis geht es um viel mehr. Sie sollen nach diesem ersten Schritt des SMPLT nicht einer beliebigen, von einer anderen Person oder Institution vorgegebenen Ethik folgen, sondern Ihre ganz persönliche und eigene Form erarbeitet haben und diese in der Folge aus tiefstem Herzen, aus Ihrem eigenen Antrieb und Wollen versuchen zu erfüllen.

Die Sittlichkeit ist auch neurobiologisch gut beobachtbar – die Ausrichtung an einer heilsamen Ethik ist im präfrontalen Cortex des Gehirns angesiedelt und bewirkt generell eine Dämpfung des parasympathischen (impulsiven) Nervensystems. Die Ausrichtung an einer Ethik macht Menschen also geistig gesehen ruhiger und gesetzter.

Bevor es um die ethischen Inhalte selbst geht, möchte ich noch einige Worte zum Thema: *erfüllen* einer Ethik schreiben. Der Ansatz, eine ethische Vorgabe allzeit perfekt erfüllen zu wollen, ist meines Erachtens bereits von vornherein zum Scheitern verurteilt und birgt den Kern in sich, nach kurzer Zeit gar keine Ethik mehr einzuhalten. Der Mensch bzw. diese Welt ist der

Unvollkommenheit unterworfen, und so wird es Ihnen auch bei bestem Vorsatz und bei höchster Anstrengung nicht immer gelingen, ethische Regeln exakt einzuhalten. Wenn Sie nun krampfhaft versuchen, sich vollkommen an ethische Regeln zu halten, werden Sie in der Unzufriedenheit über das eigene Unvermögen landen, rasch in Aggression oder Gefühle der Wertlosigkeit abdriften. Die Geisteshaltung, mit welcher der Buddha seinen Anhängern die fünf ethischen Regeln gegeben hat, ist die geeignete Vorlage, an der Sie sich ausrichten sollten.

Einerseits wurden die ethischen Regeln von Buddha als eine kontinuierliche Übung angegeben. Das heißt, dass man im Gegensatz zu anderen religiösen Richtungen nicht zuerst die Ethik perfekt erfüllen muss, bevor man die nächsten Schritte gehen darf – und dann die Ethik kein Thema mehr ist.

Sobald sich ein ethischer Grundstock gebildet hat, sobald der eigene Wille zur Ethik da ist, kann man den Weg (weiter)gehen. Aber Ethik ist nicht mit der initialen Übung, mit einer einleitenden Vorgangsweise abgehandelt. Es ist ein Thema, dem man sich immer wieder neu widmen muss, das sich über die Zeit und die gemachten Erfahrungen inhaltlich weiterentwickelt. Je weiter man in der Meditation und in der eigenen spirituellen Erfahrung fortschreitet, desto höher werden die eigenen Ansprüche, desto kritischer hinterfragt man die eigenen Taten. Dieser Ansatz ist auch nötig, da es ab einem gewissen Grad an meditativer Erfahrung nötig ist, eine gesteigerte ethische Reinheit zu erreichen, um in der Meditation noch tiefer gehen zu können.

Ein zweiter Punkt der Geisteshaltung zeigt sich in der konkreten Formulierung der jeweiligen Silas. Und zwar endet jedes im Originaltext mit ... *diese Übung nehme ich auf mich.* Hier ist einerseits klar ersichtlich, dass es eine **Übung** ist, etwas das man nicht perfekt machen kann, sondern eben lernen und trainieren muss. Es zeigt, dass die geistige Ausrichtung bedeutend ist, die Ausführung folgt über die Zeit ganz von selbst.

Übung 22: Kontemplation der persönlichen Ethik auf der Basis der fünf buddhistischen Silas
Nun steht die erste konkretisierende Übung des SMPLT an, die Erarbeitung Ihrer eigenen Ethik: Diese Übung können und sollen Sie immer wieder wiederholen und so Ihr vorheriges Ergebnis validieren, ob es noch zeitgemäß ist oder Ergänzungen bzw. Streichungen angebracht sind. Nehmen Sie also ein Blatt Papier und Schreibgerät zur Hand und setzen Sie sich an einen ruhigen und gemütlichen Platz, an dem Sie die nächsten 30–45 Minuten nicht gestört werden. Sie können diese Übung der Kontemplation entweder alleine durchführen und sich selbst anhand der folgenden Fragen und Denkansätze leiten oder sich (auch in der Gruppe) anleiten lassen.

**Ich will keine Wesen töten oder verletzen,
diese Übung nehme ich auf mich.**

o Was sind für mich Wesen, wie weit geht mein Verständnis in diesem Zusammenhang? Sind es nur Menschen, Säugetiere, andere Tiere, Insekten – wo liegt meine persönliche Grenze?

o Was fällt für mich in diese ethische Regel, ist es nur selbst zu verletzen/töten, es zu veranlassen, es in Kauf zu nehmen oder es stillschweigend zu dulden?

o Wie geht es mir selbst dabei, wenn ich verletzen oder töten muss? Kann ich mir eine Situation vor Augen führen, in der ich verletzt habe? Wie ging es mir damit, welche Emotionen und Gefühle hat das während und nach der Tat hervorgerufen?

o Wie geht es mir, wenn ich von anderen verletzt werde, wie empfinde ich die Situation, kenne ich sie aus der Vergangenheit?

o Wie halte es ich mit dem Töten und Verletzen in meinem Geist? Kommt es vor, dass ich anderen Wesen oder Strukturen das Existenzrecht abspreche, sie auslöschen möchte? Habe ich schon einmal in Gedanken jemandem etwas Schlechtes – beispielsweise eine Krankheit – gewünscht? Finde ich diese Gedanken richtig oder möchte ich etwas daran verändern?

o Kann oder will ich dem Prinzip, kein bewusstes Leid zu verursachen, etwas für mich, mein Unternehmen oder andere Bereiche des Lebens, in denen ich mich bewege, abgewinnen?

**Ich will mir nicht nehmen, was mir nicht gegeben ist,
diese Übung nehme ich auf mich.**

o Was ist mir gegeben, was ist mir nicht gegeben? Welche Dinge, egal ob materiell oder immateriell, eigne ich mir an, obwohl sie mir nicht direkt anvertraut wurden?

o Wie halte ich es mit dem ungefragten Ausborgen von Dingen?

o Kann ich Verantwortung für meine soziale Umwelt nehmen?

o Kann ich Verantwortung für die physische Umwelt, in der ich lebe, nehmen?

o Wie gehe ich damit um, wenn ich etwas bekomme, das anderen zusteht? Weise ich auf das Missverständnis hin, gebe ich es dem berechtigten Empfänger weiter oder behalte ich es stillschweigend für mich?

o Forciere ich, dass mir andere etwas geben?

**Ich bemühe mich, die Sinne nicht missbräuchlich zu verwenden,
diese Übung nehme ich auf mich.**

o Wie kann ich die Sinne richtig und missbräuchlich verwenden? Welche Sinneskontakte suche ich, optisch, akustisch, sensorisch, riechen oder schmecken? Sind alle Kontakte richtig und gut, oder habe ich bei manchen das Gefühl, die Sinne zu verschwenden oder gar für etwas Falsches einzusetzen?

o Was tue ich mit meinen Sinnen üblicherweise? Nutze ich die Sinne bewusst – nehme ich bewusst wahr, was um mich herum vorgeht, oder gehe ich gleichsam blind durch das Leben?

o Was ist mir wichtig? Worauf richte ich meine Sinne? Was lese ich, was schaue ich mir an, wem oder was höre ich zu?

o Geben mir die Sinne dauernde Befriedigung und Glück? Wie kontinuierlich zeigt sich das Glück oder die Freude, wenn ich meine Sinne befriedigt habe, wie lange hält es an?

o Wie gehe ich mit Sexualität um? Erkenne ich ihre Kraft, kann ich weise damit umgehen – mit dieser massiven Kombination an Sinneseindrücken und Sinnenbefriedigung?

Ich möchte der rechten Rede folgen,
diese Übung nehme ich auf mich.

o Wie weit geht die rechte Rede, wie umfassend definiere ich diese Aufgabe für mich? Ist es nur ein Vermeiden der Lüge oder betrifft es auch die Art und die Inhalte der Kommunikation?

o Kann ich mir selbst gegenüber ehrlich sein? Gestehe ich mir Fehler und Versäumnisse ein, kann ich Erfolge nicht überbewerten und mein Ego auf ein Podest stellen?

o Wie gehe ich als Vorgesetzter (gegenüber Mitarbeitern) mit der rechten Rede um. Ist mir wertschätzende Kommunikation wichtig, und wie viel meiner Ansätze bleibt übrig, wenn ich Mitarbeiter kritisieren oder zurechtweisen muss?

o Wie gehe ich in Verhandlungssituationen mit der rechten Rede um? Nicht nur mit der Lüge oder dem Ausstreuen falscher Fährten, sondern auch mit dem, was ich nicht sage, zurückhalte oder verheimliche?

Ich bemühe mich, keine den Geist trübenden Mittel einzunehmen,
diese Übung nehme ich auf mich.

o Was trübt alles meinen Geist? Sind das nur Mittel oder Substanzen, legal oder illegal, oder kann es auch eine Tätigkeit, ein Zustand eine Erfahrung o.Ä. sein?

o Ab wann tritt eine Trübung ein, welche Mittel und Dosen trüben meinen Geist? Kann ich an der Grenze noch reagieren oder bin ich bereits Zuseher?

o Was sind die Nachteile der Trübung – wie fühlt es sich an, einen getrübten Geist zu haben, dabei und danach?

Fundament: Freigebigkeit leben

Als zweiter Schritt eines heilsamen Daseins und damit auch eines spirituell orientierten Lebens als Führungskraft wurde vom Buddha die Freigebigkeit als eine Aufgabe genannt, in der man sich üben soll. Das bedeutet aber nicht, dass Sie ab sofort Ihr Geld frei vergeben müssen, für jeden sich ergebenden sozialen Zweck spenden und sich nur mehr um die Bedürftigen kümmern sollen. Das wäre eine falsch verstandene Form der Freigebigkeit.

Die wahre Freigebigkeit als Basis guter Leadership ist tatsächlich eine sehr anspruchsvolle Aufgabe, man könnte fast sagen eine Managementaufgabe, welche Sie und Ihre Fähigkeiten auf allen Ebenen fordert.

Um wahre Großzügigkeit zu entwickeln, müssen Sie erst einmal wissen, was genau Sie fördern möchten. Überlegen Sie: Ist der Zweck oder die Person bzw. Organisation, welche Sie bedenken oder unterstützen wollen, wirklich heilsam? Das heißt: Schädigt der Zweck ihrer Großzügigkeit keine Wesen? Schließlich kann eine gut gemeinte Gabe nicht nur gute, sondern auch hemmende Wirkung haben, da sich beispielsweise der Mensch nicht weiterentwickelt oder andere ungünstige Effekte zu erwarten sind? Und wenn Ihnen das klar ist, gilt es auch noch, die Rahmenbedingungen zu beobachten – wie viel von Ihrer Hilfe kommt an, wird Sie wirklich benötigt?

Die nächste Frage, die Sie sich stellen müssen, bezieht sich darauf, was Sie geben wollen oder sollen. Welche Art von Hilfe wird benötigt, was ist in der gegebenen Situation hilfreich? Auch wenn die Gesellschaft etwas anderes aussagt – nicht immer ist Geld das passende und angebrachte Mittel. Das ist eine gute Nachricht für all jene, die kein Geld haben – und eine schlechte Nachricht für all jene, welche glauben, mit Geld alles regeln zu können. So müssen Sie vielleicht noch einmal in den vorherigen Schritt zurückgehen und sich fragen, wer welche Art von Hilfe benötigt. Vielleicht ist ein Da-Sein, Zuneigung, ein Gespräch oder Trost im Moment viel gefragter und unendlich viel wertvoller als eine Geldsumme? Es ist zwar ein oft verwendeter Satz – aber er hat seine Richtigkeit: Es gibt Dinge, die man nicht kaufen kann. Denken Sie daran, dass es ein großer Wert ist, den Sie auf diese Weise schenken, ein unermesslicher Wert.

An der Stelle soll das Verhältnis von Freigebigkeit zu Sponsoring bzw. Charity angesprochen werden. Zuerst einmal das Sponsoring: Dabei handelt es sich um eine gute Sache und eine gute Intention, wenn Sie sich als Verantwortlicher gut überlegen, wen oder was Sie aus welchen Gründen sponsern möchten. Überlegen Sie auch, warum Sie genau diesen Menschen oder diese Sache unterstützen möchten – ist es ein Öffentlichkeitseffekt oder liegt es wirklich an dem Gesponserten? Diese wertvolle gesellschaftliche Aufgabe möchte ich keinesfalls geringschätzen, aber einer Sache müssen Sie sich gewahr sein. Es handelt sich bei Sponsoring (meist) um eine Tätigkeit des Unternehmens, in dem Sie engagiert sind, nicht um Ihre persönliche Freigebigkeit, und diese ist es, welche Sie für Ihren eigenen Lebensweg entwickeln müssen. Also verwechseln Sie das nicht!

In Bezug auf Charity sollten Sie Ihre Motivation und Beweggründe dazu beobachten. Sie müssen betrachten, was der beste Weg ist, um Ihre Hilfe zukommen zu lassen. Soll es anonym passieren, offen, bekannt oder unbekannt. Das müssen Sie sich selbst ganz ernsthaft fragen – wie viel Publicity ist gut und nötig –, das kann ein zweischneidiges Schwert sein. Einerseits kann Öffentlichkeit fördernd sein und andere auch dazu anregen, Heilsames zu tun, andererseits kann es dazu führen, dass Sie aus genau diesen Gründen spenden und nicht aus einem inneren Antrieb heraus. Und da sind wir wieder bei einer wichtigen Betrachtung – warum wollen Sie freigebig sein? Was ist Ihre Motivation, was erwarten Sie?

Wie gehen Sie damit um, wenn einmal kein Dank, keine Anerkennung kommt – machen Sie das vielleicht doch nur aus Anerkennungs- und Wertschätzungsgründen? Auch diese Frage sollten Sie sich durch den Kopf gehen lassen.

Übung 23: Das Gefühl von Großzügigkeit wiederentdecken
Diese Betrachtung können Sie entweder am Ende eines Tages oder, wenn Sie dafür Zeit haben, auch früher durchführen. Suchen Sie sich eine Situation des Tages, in der Sie etwas gegeben haben. Schränken Sie sich dabei nicht nur auf finanzielles ein – es kann sein, dass sie Zeit, Zuneigung, Hilfestellung oder Verständnis gegeben haben. Lassen Sie die entsprechende Situation wieder vor Ihrem geistigen Auge erscheinen, wie eine Wiederholung nochmals ablaufen.

Betrachten Sie dabei den Impuls, der Sie zu dieser Handlung geführt hat. Wann konnten Sie ihn zum ersten Mal bemerken, für wen oder was ist er aufgekommen? Hatten Sie zu dem Zeitpunkt Erwartungen?
Wie fühlt es sich an, dass Sie die Gelegenheit hatten, loszulassen, etwas zu geben oder zu teilen. Wie fühlt es sich an, dass Sie es getan haben? Können Sie das Gefühl nachvollziehen, wenn Sie in dieser Situation nicht gegeben hätten, alles bei sich gehalten hätten?
Bleiben Sie mit diesem angenehmen Gefühl noch fünf Minuten in Ruhe sitzen.

Übung 24: Der Geldbörsenprozess

Eine andere und etwas ungewöhnliche Variante, mit der Freigebigkeit umzugehen, ist es, „virtuelles" Geld zu verwenden. Diese Methode wird weithin empfohlen, wenn man mehr Geld anziehen will. Das ist aber nicht so zu verstehen, dass Sie plötzlich mehr Geld in Ihrer Geldbörse hätten – das wäre wohl illusorisch. Nein – in dieser Übung geht es darum, Ihr subjektives Empfinden davon, wie viel Geld Sie haben und wie Sie es verwenden können, zu steigern.

Nehmen Sie dazu einen größeren Geldschein (20, 50 oder 100 Euro) und platzieren Sie diesen in Ihrer Geldbörse (an einem Ort, der nicht so einfach erreichbar/sichtbar ist – z.B. hinter Ausweisen). Immer wenn Sie Ihre Geldbörse zur Hand nehmen, erinnern Sie sich daran, dass da noch ein verborgener Schatz enthalten ist. Freuen Sie sich über die Sicherheit, die Ihnen der Betrag bringt, und lassen Sie das angenehme Gefühl, (mehr) Geld zu haben, aufsteigen. Wenn Sie wollen, können Sie auch imaginieren, was Sie sich selbst alles damit gönnen könnten. Oder aber – und dann entfaltet die Übung ihren wahren Charakter – können Sie imaginieren, wie Sie mit diesem Geld helfen können, was Sie damit machen können, wen Sie damit fördern können, wie Sie damit Gutes tun können.

Tägliche Praxis: heilsamer Lebenserwerb

Der dritte Schritt dieses Programmes, der das Fundament Ihres Entwicklungsweges weiter aufbaut, verlangt nicht von Ihnen, den Beruf hinzuwerfen und nur mehr Soziales zu tun. Auch gibt das Programm keine Ausrichtung für Ihre Berufsausbildung vor. Schließlich handelt es sich bei SMPLT um ein Leadership-Programm und an der Stelle von Ihnen zu verlangen, alles aufzugeben, wäre wohl kontraproduktiv.

Es geht in diesem Schritt darum, sich den Herausforderungen Ihres beruflichen bzw. des gesamten Lebens zu stellen und es bestmöglich zu tun. Ein Wechsel könnte zu leicht in einer Flucht enden und in dem Missverständnis, dass ein sozialer Beruf aus diesem Blickwinkel dieser Anforderung Genüge tut. Dem ist aber bei weitem nicht so.

Der Begriff des Lebenserwerbs ist nicht ausschließlich auf das Berufsleben eingeschränkt. Ihren Lebenserwerb machen Sie auf verschiedenen Ebenen, wobei der Beruf eine davon ist. Andere Aspekte sind die Ausbildung, soziale und freiwillige Tätigkeiten und bei einer sehr umfangreichen Deutung auch Ihr gesamtes Dasein in einem sozialen Umfeld.

Folgende Grundfrage sollen Sie vorerst für sich abklären: Ist die Art und Weise, wie ich für mein Dasein sorge, heilsam und richtig? Wie wirkt es sich aus, was wird erzeugt/getan/bewirkt, wie ist die Aufgabe meiner Position beschrieben?

Wenn das geschehen ist und keine großen Änderungsansprüche zum Vorschein kommen, dann geht es darum, Ihre Tätigkeit durch Ihre eigene Achtsamkeit wertvoller zu machen.

Übung 25: Kreativer Workshop
Diese Übung soll Ihnen dabei helfen, Ihre Beziehung zum Leben, das was man weithingehend als Lebenserwerb bezeichnen kann, klarer herauszuarbeiten. Legen Sie sich dazu vier Zettel zurecht (oder einen größeren Zettel in vier Quadranten geteilt), welche mit Körper, Heim, Beziehungen sowie Ausbildung und Arbeit beschriftet werden. Es ist eine Form der Balanced Scorecard für Ihr Leben.

Schreiben Sie nun auf, was Sie sich in jedem Bereich wünschen – denken Sie aber daran, wie ein Ziel zu formulieren ist. Schreiben Sie so viele Punkte auf, wie Sie im Moment bedeutend finden.

Anschließend ergänzen Sie zu jedem dieser Punkte (am besten mit einer anderen Farbe), warum Sie dieses Ziel erreichen möchten, was der tiefere Grund dafür ist.

Idealerweise sollten Sie diese Übung täglich machen und wenn Sie wollen, diese Zettel aufheben, um sie nach einiger Zeit (beispielsweise einer Woche oder einem Monat) nochmals durchzugehen.

Übung 26: Kontemplation – Arbeit

Setzen Sie sich mit aufrechtem Oberkörper für etwa 20–30 Minuten an einen ungestörten Ort und betrachten Sie in meditativer Stimmung für sich selbst die folgenden Fragen:

Mache ich die richtige Arbeit?

- Was wird dort erzeugt, wo ich arbeite, wie wirkt sich das auf mich und auf die Welt aus?
- Was/welche Tätigkeiten mache ich, wie wird gearbeitet?
- Ist das Arbeitsklima von Aufrichtigkeit und Wertschätzung geprägt? Kann ich etwas daran ändern?
- Welche Auswirkungen hat meine Arbeit auf mich? Fühle ich mich wohl oder ist sie für mich nicht stimmig, warum?

Mache ich es richtig?

- Mache ich die Arbeit durch mein Tun wertvoll? Kann ich meine Tätigkeit, auch wenn sie nicht fordernd oder gar stupide ist, so aufmerksam und zugetan ausführen, dass sie so etwas Besonderes wird?
- Gebe ich meiner Arbeit Wert oder muss ich sie tun – erwarte ich, dass die Arbeit mir Wert gibt? Wenn ja welchen?
- Will ich immer mehr, um einen Erfolg und Zufriedenheit zu erleben, oder kann ich auch mit dem Ist zufrieden sein, ohne mich dabei hängen zu lassen?

Wie agiere ich als Vorgesetzter?

- Ermögliche ich Mitarbeitern die Entwicklung von Talenten und Fähigkeiten – fallen mir nicht nur die Fehler, sondern auch die Potentiale von Mitarbeitern auf?
- Kann ich Anstrengung und Motivation erkennen und auch anerkennen? Finde ich für Mitarbeiter, welche nicht die gewünschte Leistung bringen, geeignete Ansätze, sie zu motivieren, ihnen zu helfen, ohne sie zu brüskieren?
- Kann ich Mitarbeitern erlauben, das Ego zu überwinden, indem Gruppenarbeiten ermöglicht werden (für jene, die es wollen)?

Wie agiere ich als Mitarbeiter?

- Bin ich mir meiner Verantwortung meinem Vorgesetzten gegenüber bewusst?
- Kann man sich auf mich verlassen?

Erste Säule: gute Kommunikation

Die Sprache bzw. die Kommunikation ist der Ausdruck Ihres Geistes nach außen hin (als Ergebnis Ihrer inneren Kommunikation) und ist die erste auf dem bisher beschriebenen Fundament aufgerichtete Säule des SMPLT. In diesem Punkt geht es aber nicht mehr (nur) um die rechte Rede, wie sie im Rahmen der Silas bereits angesprochen wurde, sondern um die Art und Weise, wie Sie eine gute und zielführende verbale und nonverbale Kommunikation führen können, die sowohl spirituellen Vorstellungen als auch den Anforderungen des Geschäftslebens Genüge tut.

Da die Kommunikation miteinander die Basis der menschlichen Interaktion darstellt, ist nachvollziehbar, dass die Verbesserung dieser häufig fehlerbehafteten Basis nicht nur unsere Gespräche, sondern auch das gesamte Zusammenleben deutlich verbessern kann.

Die Grundregeln einer solchen wertschätzenden Kommunikation, an welchen Sie sich orientieren und ausrichten sollten, sind:

- **Versuchen Sie, in Kontakt mit Ihren tiefen Gefühlen und Wünschen zu bleiben.** Diese Gefühle sind der beste Indikator, ob Ihre Kommunikation gerade heilsam oder nicht heilsam abläuft. Zu oft, wenn man sich von Intellektualität oder der Schläfrigkeit forttragen lässt, verliert man diesen Konnex und ist stärker dem Missverständnis und der Fehlinterpretation unterworfen. Auf der anderen Seite ist es so – wenn Sie sich Ihrer Gefühle nicht bewusst sind, so steuern unbewusst diese Gefühle Ihre Kommunikation, ohne dass Sie wissen, was es ist, dass Sie treibt.

- **Nur für sich selbst sprechen:** Zu oft versucht man, für andere Menschen zu sprechen, wir vertreten deren Werte und Meinungen und werfen uns für sie in die Bresche. Tatsächlich ist das ein sehr gefährliches Vorgehen, das auf mehreren Ebenen fehleranfällig ist. Wir vertreten auf diese Weise das, von dem wir glauben, dass es der Mensch, für den wir sprechen, will, begeben uns in den Konflikt, sprechen hinter dem Rücken anderer Menschen und verraten auf diese Weise womöglich ungewollt kleine Geheimnisse. Man rutscht leicht in diese Situation – deshalb ist die Übung der Achtsamkeit so bedeutend, um diese Tendenz zu erkennen und richtig zu reagieren.

- **Immer an persönlichen Werten messen:** Bewerten Sie Dinge immer nach Ihren eigenen Maßstäben, nur diese sind haltbar, für Sie nachvollziehbar und können von Ihnen argumentiert werden. Sobald Sie versuchen, „künstliche" Regeln heranzuziehen, welche nicht mit Ihren persönlichen Wertvorstellungen kompatibel sind, laufen Sie Gefahr, sich zu verheddern und kommunikativ unter die Räder zu kommen. Das ist naturgemäß schwer umzusetzen, wenn Sie einen fremden Auftrag, beispielsweise im Berufsleben, vertreten müssen. Da machen sich eine gewissenhafte Vorarbeit (die beiden Dinge unter einen Hut zu bringen) sowie ein klarer Geist bezahlt.

- **Über eigene Erfahrung und Gefühle sprechen und weniger über die Taten anderer:** Eine alte Regel der Gesprächsführung – indem man nicht über das spricht, was andere Menschen getan haben, sondern wie Sie das als Betroffener selbst erfahren und erlebt haben – gibt dem Gespräch eine ganz andere Richtung. Das erfordert aber den Mut, sich zu öffnen, da man normalerweise nicht gerne über Gefühle spricht. Indem Sie Ihre Gefühle preisgeben, bringen Sie ein Gespräch auf eine andere Ebene des Vertrauens.

- **Fakten etablieren:** Auch nichts Neues – auf je mehr klaren Fakten eine Kommunikation beruht, desto weniger läuft man Gefahr, in eine emotionale Diskussion oder gar Auseinandersetzung zu geraten. Es ist daher insbesondere zu Gesprächsbeginn, wenn noch eine neutrale Atmosphäre herrscht, zielführend, die Faktenlage abzuklären und auf diese Weise ein gemeinsames Verständnis der Situation als Ausgangslage der Kommunikation zu schaffen. Das gemeinsam geschaffene fachliche Verständnis kann dabei als verbindende Basis des weiteren Gespräches dienen.

- **Zeit geben:** Lassen Sie Ihrem Gegenüber auch etwas Zeit zu reagieren, Gehörtes zu verarbeiten und zu reflektieren. Das heißt nicht nur, Ihn oder Sie ausreden zu lassen, sondern auch ganz bewusst Pausen und Räume zu setzen. Weiterführend gehört auch an diese Stelle, dass Sie sich im Klaren darüber sein sollten, wenn Sie den Gesprächspartner (verbal) in die Enge treiben. Denken Sie daran, dass ein Mensch in Extremsituationen (und eine solche schaffen Sie dann) von Noradrenalin durchschossen wird und dann nur noch drei Möglichkeiten zur Verfügung stehen. Ihr Gegenüber kann so entweder in Flucht (wenn möglich), Totstellung oder in den (wenn auch aussichtslosen) Gegenangriff übergehen. Gerade diese dritte Option ist gefährlich, da diese nicht intellektuell, sondern emotional gewählt wird und auch bei Aussichtslosigkeit zum Einsatz kommt – auch ohne Rücksicht auf Verluste.

- **Behalten Sie das große Bild, um das es in dem Gespräch geht, immer im Auge.** Sie können ansonsten in einem Detailpunkt eine Entscheidung treffen, welche zwar für den konkreten Punkt gut, aber dem Gesamten abträglich ist. Achtsamkeit und Ruhe helfen Ihnen dabei, diesen Punkt nicht zu vergessen.

Übung 27: Einsichtsdialog

Eine Möglichkeit, um diese angeführten Prinzipien in der täglichen Kommunikation auch tatsächlich anzuwenden, stellt der Einsichtsdialog nach Gregory KRAMER dar. Aus seinem umfangreichen Konzept einer wertschätzenden und offenen Kommunikation habe ich die folgende Übung extrahiert, für welche Sie einen (gleichgesinnten) Partner brauchen. Der Einsichtsdialog, ein Programm, das von GREGORY KRAMER entwickelt wurde ist eine komplette Meditations- und Schulungsanleitung, aus der ich nur eine konkrete Übung darstellen werde – wenn Sie sehr viel im kommunikativen Bereich tätig sind, kann ich Ihnen sein Werk, den Einsichtsdialog, sehr stark empfehlen.

Um diese Übung durchzuführen, setzen Sie sich dem Partner gegenüber und führen Sie ein Gespräch. In der Praxis hat es sich bewährt, ein Thema zu nehmen und darüber zu diskutieren. Dabei sollte es sich einerseits um kein zu kontroversielles Thema handeln, aber auch um kein Thema, bei dem sich die Partner bereits einig sind. Außerdem sollte es ein Thema mit tieferer eigener Bindung sein. Es hat sich bewährt, Themen wie Vertrauen, Wertschätzung etc. dazu zu verwenden. Das Gespräch selbst findet unter folgenden Regeln statt:

- Vor einer Antwort wird pausiert, das heißt, eine kurze Fokussierung auf den eigenen Atem (3–5 Atemzüge) findet statt. In der Zeit steht nur der Atem im Vordergrund, nicht das Aufarbeiten der erhaltenen Informationen oder das Überlegen einer klugen Antwort.

- Wenn Sie sprechen, sollten Sie danach trachten, es entspannt zu machen. Wenn Sie im Sprechen oder auch Zuhören eine Spannung bemerken, so sollten Sie diese bewusst wahrnehmen (und später analysieren).

- Im Zuhören sollten Sie sich in Offenheit üben. Das heißt, einerseits nichts anzunehmen, was gesprochen werden wird (und dann schon wegzuhören), und Sie antizipieren andererseits auch einmal alles echt zu hören (auch wenn es nicht gefällt), um die komplette Nachricht zu verstehen.

- Ein bedeutender Grundsatz ist, der Entwicklung (des Gesprächs) zu vertrauen. Auch wenn Sie Ihre Vorstellungen und Ideen hatten, wohin das Gespräch führt, kann es jederzeit eine ganz andere Wendung nehmen. Das sollten Sie beobachten, feststellen einerseits und sich auch trauen (wenn es nicht eine unheilsame Wendung ist), dieser Entwicklung zu folgen.

- Tief zuzuhören bedeutet, beim Hören wirklich zuzuhören und nicht bereits die Replik zu konzeptionieren, geistige Bilder aufzubauen oder an etwas anderes zu denken. In der Übung erreichen Sie das gut, indem Sie beim Zuhören wirklich Ihren Partner ansehen.

- Die Wahrheit sprechen – damit ist nicht nur gemeint, nicht zu lügen, sondern vor allem die Annahme, Dinge, die Sie von anderen erfahren haben, auch als solche anzusprechen

Zweite Säule: Körper und Geist stabilisieren

Nachdem Sie im SMPLT in den fundamentalen Schritten die Basis des Programmes geübt haben und die ersten stabilisierenden Säulen bereits etabliert haben, wollen wir uns nun in diesem und den beiden folgenden Kapiteln dem Aufgabenbereich der inneren Veränderung widmen, der Arbeit mit den unterschiedlichen Aspekten der Persönlichkeit.

Wie bereits beschrieben, ist es der klare Wunsch aller Menschen, gefestigt und gesichert zu sein, ihre Existenz geschätzt und anerkannt zu bekommen, Angenehmes zu erleben und von Ungemach verschont zu bleiben.

Wir suchen dabei das Gefühl eines Selbstwerts, der die eigene Persönlichkeit stabilisiert und von dem wir unsere Zufriedenheit abhängig machen.

Um diesen Zustand zu erlangen bzw. zu fördern, beginnen wir damit, dieses allgemeine und generische Ziel etwas klarer zu formulieren. Das mache ich aber nicht nur, um Ihnen hier eine weitere Übung oder Aufgabe zu stellen, sondern weil das Setzen einer Intention (im präfrontalen Cortex) am Beginn einer Tätigkeit dafür sorgt, eine innere und unbewusste Fokussierung herbeizuführen.

Übung 28: Meine Lebensziele

Das Thema des Lebensziels, auch als Zweck der Existenz bezeichnet, wurde durch den Autor John STRELECKY sehr eindringlich und leicht verständlich dargestellt. In seinen lesenswerten Büchern stellt er in Geschichtenform dar, was alles bewirkt wird, wenn man seine Lebensziele kennt. In dieser Geisteshaltung sollen Sie nun eine Übung durchführen, um genau ein solches Ziel(paket) für sich zu finden.

Diese Art der meditativen Betrachtung führen Sie am besten in einer ruhigen, ungestörten Umgebung durch. Idealerweise sollten Sie einen größeren Zeitraum dafür reservieren, damit Sie nicht gehetzt sind, falls der Prozess länger als geplant dauern sollte. Setzen Sie sich angenehm, nehmen Sie Zettel und Schreibzeug und lassen Sie es sich auch ansonsten gut gehen, ein Getränk, eine Tasse Tee oder auch eine kleine Süßigkeit sollen in Ihrer Reichweite liegen.

Anschließend gehen Sie die einzelnen Fragen durch, welche im Anschluss angeführt sind, und versuchen Sie, Ihren persönlichen Ansatz zu finden. In welcher Form Sie diesen Prozess dokumentieren, ist Ihnen selbst überlassen. Ob Sie Sätze formulieren, Notizen oder Skizzen erfassen oder alles völlig in Ihrem Geist abhandeln, ist Ihre Sache.

- **Was mache ich mit meinem Leben?** Das ist die Bestandsaufnahme – was mache ich in meinem Leben? Das umfasst natürlich zu einem großen Teil die berufliche Tätigkeit, aber auch alle anderen Dinge, mit denen Sie Ihre Zeit verbringen wie Hobbys, freiwillige Aufgaben und Freizeitbeschäftigungen. In diesem Schritt sollten Sie auch abschätzen, wie hoch der Anteil der jeweiligen Sache an Ihrer gesamten Lebenszeit ist.

- **Was sollte ich mit meinem Leben machen?** Was wird von mir erwartet zu tun – welchen Beruf, welche berufliche Position sollte ich den Erwartungen meiner Umgebung entsprechend haben? Was sollte ich in meiner Freizeit tun, wofür sollte ich mich eigentlich engagieren?

- **Wer bestimmt, was ich machen sollte?** Waren/sind es die Eltern, die Familie, die Ausbildungsstätten, die Gesellschaft, Trends, Mode? Was beeinflusst mein Bild dessen, was ich machen sollte?

- **Wie sieht der Vergleich** zwischen den Dingen, welche ich mache, und jenen, die ich machen sollte, **aus?** Gibt es eine hohe Übereinstimmung zwischen den beiden oder nicht? Welche Gefühle löst dieser Vergleich aus – fühle ich mich erfolgreich oder als Versager?

- **Was möchte ich mit meinem Leben machen?** Auch wenn sich das vorerst einmal wie ein Wünsch-dir-was anhört, welches nicht modern ist, sollten Sie doch an den Punkt gehen. Stellen Sie sich vor, Ihr Leben geht zu Ende und Sie haben die Möglichkeit zurückzublicken. Fragen Sie sich: Welche Dinge möchte ich dann getan haben, welche Erfahrungen möchte ich gemacht haben, was möchte ich zumindest versucht oder ausprobiert haben? Versuchen Sie all die Punkte, welche Sie vorfinden, in eine grobe Reihung zu bringen, von ganz bedeutend bis zu es-wäre-nett.

- **Welche von diesen Dingen habe ich aufgeschoben?** Egal ob auf die Pension, auf eine bestimmte Umgebung – gehen Sie das für alle Dinge, die Sie machen möchten, durch. Versuchen Sie herauszufinden, was die Top 5 dieser aufgeschobenen Lebenswünsche sind.

- Wie würde ich mich fühlen, wenn ich **diese Dinge jetzt bereits machen könnte** und nicht auf die Zukunft oder eine andere Bedingung warten muss?

- **Was hält mich davon ab,** bereits jetzt zu tun, was ich will, wo und wie kann ich mich verändern, ohne das Leben gleich über den Haufen zu werfen?

- Bin ich mir dessen bewusst, dass diese Betrachtung eine **Momentaufnahme** ist – nichts Fixes, auch das verändert sich. Ich sollte nicht zu krampfhaft an diesen Lebenszielen hängen. Praktisch zeigt sich dieser Gedanke, indem Sie Ihre Blätter mit Datum kennzeichnen und sie als Momentaufnahme ablegen können.

Abschließend lassen Sie Ihre Gedanken zur Ruhe kommen. Machen Sie sich bewusst, dass Sie die relevanten Dinge notiert haben und so mit gutem Gewissen die Gedanken weiterziehen lassen können, ohne etwas Wichtiges zu verlieren. Hören Sie noch einige Minuten auf Ihre Stimmung, das Gefühl, das diese Übung hinterlassen hat, bevor Sie auch das hinter sich lassen und wieder in den Alltag zurückkehren.

Körper & Leben

Das Interesse an einem stabilen und gefestigten Körper liegt nicht nur darin, dass wir nicht krank werden wollen, sondern auch im Umstand, dass dies der physische Ausdruck unseres Ichs ist. Wie stark wir Menschen unsere Persönlichkeit mit dem physischen Körper assoziieren, wird uns nur zu oft bewusst, wenn z.B. Vorurteile gegen Menschen im Rollstuhl oder solchen anderer Nationalität gehegt werden, wo aufgrund der körperlichen Gegebenheit fälschlicherweise geglaubt wird, die ganze Person einschätzen zu können.

Die Verantwortung für einen stabilen Körper liegt bei Ihnen, niemand anderer ist für Ihren Körper verantwortlich. Wege und Übungen dazu wurden bereits in den unterstützenden Aufgaben angesprochen und sollen hier nicht wiederholt werden. Unter diesem Bereich der Persönlichkeit möchte ich Ihnen eine meditative Methode näherbringen, sich über die bereits beschriebenen Methoden hinaus mit Ihrem Körper intensiver auseinanderzusetzen.

Übung 29: Bodyscan

Diese Übung, welche ursprünglich aus den burmesischen Richtungen des Buddhismus kommt, wird mittlerweile in modifizierten Formen in unterschiedlichen Bereichen der Medizin (MBSR), der Pflege und des Coachings eingesetzt. Diese Methode einer dynamischen Körperbetrachtung aktiviert den Inselcortex bzw. generell die rechte Hemisphäre des Gehirns besonders und bewirkt ein verbessertes Körperbewusstsein. Die Originalmethode, welche aus sehr vielen einzelnen Punkten besteht und meist mehr als eine Stunde dauert, beschreibe ich hier nicht, ich möchte Ihnen eine kompakte Version anbieten, welche Sie in 20–30 Minuten durchführen können.

Sie können diese Übung entweder sitzend oder liegend durchführen. Wenn Sie liegen, achten Sie darauf, gut zugedeckt zu sein (damit Sie nicht auskühlen) und mit dem Kopf etwas erhöht zu liegen, um nicht zu schläfrig zu werden.

Gehen Sie dann die angegebenen Punkte durch (idealerweise lassen Sie sich führen), indem Sie sich zu jedem Punkt geistig verbinden und versuchen wahrzunehmen, was Sie dort an Form und Empfindung wahrnehmen können, ohne es zu deuten, ohne es zu verändern (eine Geisteshaltung ähnlich wie bei den 8 Punkten). Bleiben Sie so lange beim angegebenen Punkt, bis der nächste ansteht, aber bleiben Sie auch nicht länger dabei.

- Fontanelle/Oberkopf
- Hinterkopfpunkt
- Schläfe (re/li)
- Stirn
- Nase
- Auge/Augapfel/Lid (re/li)
- Ohr (re/li)
- Wange (re/li)
- Kehlkopf und Hals und Nacken
- jeweils rechts und links einzeln → Schulter
- Brust (oben/Mitte/Rippen)
- Rücken
- Arm/Gelenk/Finger
- Bauch/Taille (re/li)
- Hintern
- jeweils rechts und links einzeln → Oberschenkel
- Unterschenkel
- Fuß

Den Geist beruhigen

Um das Ich zu stabilisieren und so besser mit und in der Welt zu leben, um fokussierter zu sein, üben Sie sich darin, den Geist zu beruhigen, ihn davon abzubringen, seine Energien für unnötige Tätigkeiten zu verschwenden.

Diese Aufgabe, welche Sie bereits mit den unterstützenden Übungen trainieren konnten, hat in ihrem Kern nichts mit Spiritualität oder Religion zu tun; es handelt sich beinahe um eine Binsenweisheit. Meistens ist der Geist mit vielen Dingen zugleich beschäftigt, er springt zwischen vielen Themen und Orten, zwischen Vergangenheit und Zukunft herum und versucht, verschiedene Dinge zugleich zu machen und zu berücksichtigen. Technisch würde man wohl von Multitasking sprechen. Im Moment wird dieser Ansatz sehr propagiert – alles zugleich zu machen und zu denken wird als ideale Eigenschaft einer Führungskraft oder eines Menschen generell dargestellt. Aber auch das Ergebnis dieser Entwicklung ist bereits in Form einer enorm ansteigenden Rate an Burnout-Erkrankungen erkennbar.

Weiters sind Sie gefährdet (je intellektueller desto häufiger), auf diese Art in eine Endlosschleife des Überlegens und Denkens für ein Problem zu schlittern, das Sie bei genauer Betrachtung im Moment gar nicht auf diese Weise lösen können.

Dieser Umstand sorgt dafür, dass der Geist potentiell unruhig und unzufrieden ist und seine Energie oft für jene Dinge verschwendet wird, die Ihnen gar nicht so wichtig sind. Indem Sie diesen Prozess beruhigen, indem Sie die Gedankenabfolge etwas langsamer werden lassen, bekommen Sie wieder mehr Chancen, Ihr Leben zu leben, Ihre geistige Kapazität auf das wirklich Wichtige in Ihrem Dasein auszurichten. Das wirklich Wichtige ist genau das, was Ihnen Freude und Befriedigung bringt, jene Dinge, an denen Sie Ihren persönlichen Erfolg messen.

Für die Beruhigung des Geistes ist noch ein weiterer Aspekt Ihres Lebens bedeutend, welchen Sie so nicht vermuten würden. Eine der Anforderungen des Buddhismus an seine Übenden (und auch anderer Religionen in ähnlicher Form) ist es, die eigenen (weltlichen) Ansprüche zu reduzieren, die Bedürfnislosigkeit zu entwickeln. Wenn Sie sich auf das besinnen, was Sie wirklich zum Leben benötigen (ohne die anderen Dinge zu leugnen), so gibt es weniger, worum Sie sich kümmern müssen, es zu erreichen oder nicht wieder zu verlieren. Es gibt dann weniger Arbeit für den Geist aus dieser Quelle.

Übung 30: Die Etablierung von Achtsamkeitspausen

Auch wenn Sie sich bereits meditativ üben, ist es doch (meistens) so, dass man gerne im Alltag darauf vergisst, der Achtsamkeit, der Selbstreflexion Zeit und Raum zu geben. Zu beschäftigt, zu viel ist zu machen, als dass man sich zur Meditation zurückziehen könnte. Aber die bewusste Achtsamkeit muss nicht eine formale Übung sein, sondern kann sehr gut und effizient als eine Tätigkeitsunterbrechung eingeschoben werden. Dazu können Sie einen der folgenden Ansätze gut verwenden:

- Die gerade durchgeführte Tätigkeit unterbrechen (durch ein Symbol erinnert) und dreimal bewusst atmen. Das Symbol kann ein Zeichen, Bild oder Ton sein, auch der Wartecursor des Computers kann eine willkommene Einladung z.B. Achtsamkeitspause sein. In dieser Pause ist die Aufmerksamkeit ausschließlich beim Atem, alle anderen Dinge (was Sie vorher gedacht, erwogen, getan … haben) bleiben außen vor.

- Sie können auch eine bestimmte (wiederkehrende) Tätigkeit für eine Achtsamkeitspause nehmen, voll dabei sein, und in dem Zeitraum nichts anderes denken. Mediziner nehmen beispielsweise gerne das Waschen der Hände als eine solche bewusste Achtsamkeitspause.

- Ein inspirierender Spruch (z.B. von Thich Nath Hanh) der am Schreibtisch als Anker steht, kann helfen, die Pause mit einem angenehmen Gefühl zu verbinden.

- Eine 3-Minuten Meditation (Fühlen, Atem, ganzer Atem)

Im Hier und Jetzt sein

Buddhistische Meditation wird als im Hier und Jetzt sein beschrieben (Awareness). Die Gegenwart ist letztendlich der einzige Moment, in dem Sie tatsächlich leben können. Die Vergangenheit ist bereits vorüber, aus ihr können Sie maximal lernen – sollen aber keine Lasten mitschleppen.
Die Zukunft hat noch nicht begonnen – das ist alles belastende Spekulation. Wie lange ist denn das Jetzt, werden Sie fragen. Im Jetzt gibt es keine Zeit, es ist eigentlich zeitlos, es braucht null Zeit, um stattzufinden. Auch wenn es auf den ersten Blick paradox erscheint – das Jetzt ist immer in Bewegung und entzieht sich dem Begriff der Zeit.
Wenn Sie den Geist an andere Orte gehen lassen, so nimmt auch das seine Energie und Fähigkeiten mit, im ungeteilten Moment zu sein. Wenn Sie am Leben teilnehmen wollen, dann kann es genau nur Hier und Jetzt erfolgen, Sie müssen gleichsam aus dem Warteraum kommen. Außerdem hilft die Entscheidung für das Hier und Jetzt, um eine Grundlage für den Flow zu schaffen, welche in einem späteren Kapitel weiter thematisiert wird.
Im Hier und Jetzt zu sein ist eine sehr bedeutende Grundlage der „Trainability", also der Eigenschaft, sich binnen kürzester Zeit kreativ an unerwartete und überraschende Situationen anpassen zu können. Das ist eine extrem wichtige Führungseigenschaft, das Geschäftsleben passiert im Hier und Jetzt, auch die Reaktion kann nur im Jetzt erfolgen.

Übung 31: Achtsam und wachsam bleiben
Um diese Betonung des Momentes, in dem Sie leben, etwas bewusster zu machen, gibt es ein paar Hinweise, welche jeden Moment bewusst machen können, egal ob es in einer formellen Meditation oder im täglichen Leben ist.

- In einer aufrechten Position zu sitzen – das liefert ein internes Feedback an die retikuläre Formation des Gehirns und löst damit ein körperliches Signal zur Wachsamkeit aus (als Gegenbewegung zum Einsinken).

- Den Geist erhellen (z.B. Licht visualisieren) erhöht die Norephedrin-Ausschüttung und wirkt so gegen Schläfrigkeit und das Dämmern.

- Am Beginn einer solchen meditativen Übung tief atmen, das verstärkt die Sauerstoff-Sättigung des Blutes.

- Sich bewusst zu machen, dass nur der Moment zählt, ist das geistige Fundament jeder Meditation.

Dritte Säule: Die Grundgefühle nutzen und beherrschen

Die Grundgefühle (Vedana) sind das, was uns und unser Leben maßgeblich leitet. Wenn Sie sich damit nicht beschäftigen, so werden Sie von diesen Gefühlen geleitet und folgen dem unbewusst nach, gesteuert wie eine Marionette.

Aber es geht auch anders – wenn Sie erlernen, diese Gefühle klar erkennen zu können, haben Sie bereits einen großen Schritt gemacht, um sich und Ihre Umgebung besser wahrzunehmen. Wenn Sie sogar diese Grundgefühle „beherrschen[18]" können, so sind diese eine wertvolle Quelle einer stabilen und praktikablen Lebensführung.

Intuition und Empathie

Die große Herausforderung einer wahren Führungskraft liegt darin, eine schwere Situation unvorbereitet gut abhandeln zu können. Um die jeweilige Situation und mögliche gute Lösungen verstehen zu können, ist neben dem Leben im Hier und Jetzt die Empathie wichtig. Die Empathie erlaubt es Ihnen, andere Sichtweisen, andere Wünsche und auch die Ängste anderer Menschen mitzuempfinden, zu verstehen und diese in Ihrem Agieren bewusst zu berücksichtigen und so besser zu entscheiden.

Viele Menschen haben einen natürlichen Zugang zu Empathie und Intuition, ohne diesen besonders gefördert zu haben. Für diese Menschen ist es weniger die Herausforderung, diese zu wecken, sondern vielmehr, diese klar und gut strukturiert in die eigene Wahrnehmung zu integrieren. Neuesten Forschungen zufolge spielen hier kleinste Körpersignale eine bedeutende Rolle (sog. somatische Marker), weshalb in diesem Programm großes Augenmerk auf die Körper-Achtsamkeit gelegt wird. Vor allem dann, wenn die Intuition und die intellektuelle Bewertung einander widersprechen, ist es nicht einfach, all diese Aspekte unter einen Hut zu bringen und ein konsistentes Gefühl zu kreieren.

Für Menschen, welche bisher kaum Zugang zur Intuition hatten, ist es nötig, diesen Weg freizuräumen. Faktum ist, dass wir alle Intuition und Empathie besitzen, aber diese oft vom Intellekt unterdrückt wird. Methodisch führe ich aber hier keine direkte Übung an, welche Ihnen verspricht, intuitiver zu werden (Intuition ist ähnlich wie Kreativität oder Entspannung nicht direkt befehlbar). Vielmehr ist es ein angenehmer

---

[18] Beherrschen heißt, nicht diese Grundgefühle zu erzeugen oder zu unterdrücken, sondern leben zu können, ohne von ihnen beeinträchtigt zu werden.

Nebeneffekt der Meditation (insbesondere der Metta-Meditation), dass sich das Herz und die Gefühlswahrnehmung stärker öffnen und daraus von selbst eine höhere Empathie und Intuition resultieren. Ich halte nicht viel von – *sei doch mal empathisch* oder intuitiv.

Der Inselcortex und der ACC, welche für diese Aufgaben nötig sind, werden durch das Gewahrsein des eigenen Körpers und der eigenen Gefühle aktiviert. Je aktivierter, also je besser Sie Ihre eigenen Gefühle kennen, desto eher ist es Ihnen möglich, die Gefühle anderer Menschen zu lesen. Schon ganz schlichte Ruhemeditation ohne besonderen Schnick-Schnack wird als ein probates Mittel angesehen, um die Intuition zu fördern.

Akzeptieren und Annehmen

Wenn die Worte Akzeptieren und Annehmen fallen, so verbinden wir das zumeist mit Passivität oder Ausgeliefertsein – also keinesfalls den Attributen, welche man mit Führung oder Leadership assoziieren würde.

Also möchte ich es vielleicht etwas mehr konkretisieren – es geht darum, zu lernen, wann es angebracht ist, anzunehmen, da auch das bedingungslose Annehmen von allem nicht erwünscht und förderlich ist. Generell ist es so, dass wir heute zu wenig annehmen können, daher müssen wir unser Training meist in die Richtung, mehr annehmen zu können, ausrichten.

Führung heißt auch zu akzeptieren, Kritik zu erhalten, wenn Sie nicht am Gegenstand der Kritik schuld sind, sich mal nicht verteidigen, sondern für das Gesamte einstehen können. Auch wenn es absurd klingt, ist es einmal eine Überlegung wert: Wir verschwenden allzu oft nur unsere Energie, wenn wir versuchen, uns gegen Dinge aufzulehnen, die wir nicht ändern können. Das wäre genau so ein Fall, wo es sehr klug und weise ist, annehmen zu können.

Es geht sogar noch weiter, wenn man Dinge weghaben will, nicht akzeptieren kann, so landet man in der Aversion. Wir verkrampfen uns sowohl körperlich als auch geistig. Ein unangenehmer Zustand, der weiteres Handeln einschränkt.

Akzeptieren und Annehmen sind aber keine Demut und Passivität, sondern vielmehr die Weisheit, genau zu unterscheiden, was welcher Qualität angehört. Und in erweiterter Lesung auch bei den Dingen, die zu akzeptieren sind – wie damit umgehen.

Übung 32: Die Lücke wahrnehmen

Diese kurze Übung unterläuft die übliche Tendenz, alles, was man beobachtet und wahrnimmt, verbal zu beschreiben. Nehmen Sie sich dazu fünf Minuten Zeit und nehmen Sie eine achtsame und angenehme Haltung ein.

Achten Sie die nächsten fünf Minuten ganz bewusst auf die Lücken zwischen Dingen. Räumlich zwischen Objekten, die Sie sehen, zeitlich zwischen verschiedenen Körperwahrnehmungen, Gefühlen oder auch unwillkürlichen körperlichen Aktionen (Schlucken, Blinzeln). Zum Abschluss dieser fünf Minuten rekapitulieren Sie, wie es Ihnen mit der Aufgabe ging, etwas zu beobachten, das eigentlich nicht benennbar ist. Wie hat der Geist reagiert – mit Auflehnung, Verwirrung oder Ruhe? Erinnern Sie sich während des Tages immer wieder an diese Übung, wenn Sie einer Lücke, eines Zwischenraumes gewahr werden.

Übung 33: Annehmen und benennen

Diese Übung ist die Ausweitung einer jeden Meditation und lässt sich sehr gut als Erweiterung für jede konzentrierte und fokussierte Tätigkeit nutzen.

Dazu kommen Sie in Ihrer gewählten Position zur Ruhe und machen zum Beginn einmal das, was Sie machen (wollen). Ob es nun die Konzentration auf ein Meditationsobjekt, eine Tätigkeit oder ein anderes Aufmerksamkeitsobjekt ist, ganz egal. Nach einiger Zeit wird ganz natürlich eine Ablenkung kommen, ein Sinneseindruck bahnt sich seinen Weg, ein Gedanke kommt auf.

Wenn nun eine solche Störung kommt, dann ist der Zeitpunkt für Ihre Übung gekommen. Nun geht es darum, das Auftauchen genau dieser Störung wahrzunehmen und sie zu benennen. Die große Übung ist es, die Anwesenheit der Störung zu akzeptieren, sie nicht weghaben zu wollen und auf diese Weise verebben bzw. weiterziehen zu lassen. Es handelt sich hier um eine passive Beobachtung, die Sie machen sollen – nicht um ein aktives Agieren. Beobachten Sie auch, wie es Ihnen geht, wenn eine solche Störung präsent ist – fühlen Sie sich unangenehm, ungeduldig, irritiert?

Angst

Ein Gefühl, welches nicht nur Führung und Leadership, sondern den gesamten Menschen massiv beeinflusst, ist die Angst. Egal ob Sie das so plakativ akzeptieren können, egal welche Namen man dem Gefühl gibt – es ist Angst, und jeder Mensch hat Angst. Es ist kein Zeichen von Schwäche, Angst zu haben. Es ist also an der Zeit, genau das zu üben, wovon wir zuvor gesprochen haben – zu akzeptieren. Sie müssen akzeptieren, dass diese Angst im Moment da ist, haben aber gleichzeitig die Möglichkeit, aus dieser Angst zu lernen.

Denn dass die Angst da ist, heißt noch lange nicht, dass Sie sich von ihr beherrschen lassen müssen. Dazu ist es nötig, Achtsamkeit aufzubringen, das Entstehen der Angst und die damit verbundenen körperlichen Gefühle zu beobachten und zu bemerken. Insbesondere bei einer diffusen Angst kann Ihnen die Beschäftigung mit ihr wertvolle Aufschlüsse über ihren Ursprung liefern – Sie haben eine Erkenntnismöglichkeit gefunden.

Übung 34: Umgang mit der Angst

Einem so starken Gefühl wie der Angst entgegenzutreten, erfordert einen Ansatz, der auf mehreren Ebenen stattfindet, welche ich ihnen exemplarisch in dieser Übung näher bringen möchte. Über die eine oder andere Herangehensweise können Sie vielleicht die Auswirkungen der Angst reduzieren.

- Initial (wenn die Angst aufwallt): Mit der Achtsamkeit an die Basis, die Füße gehen, um den ersten Schwung zu brechen. Sie sollten sich so lange immer und immer wieder auf die Fußpunkte konzentrieren bzw. sich geistig dorthin verbinden, bis die Wucht der Angstwelle abnimmt und etwas von ihrer Stärke einbüßt.

- Danach wechseln Sie zur Wahrnehmung Ihres Atems und versuchen, sehr fix darauf zu bleiben, auch wenn der Geist immer wieder versucht, über die Angst zu sprechen. Üben Sie das so lange, bis Sie wirklich nur auf/beim Atem sind.

- Wenn sich die Angst nicht mehr so dominant zeigt, können Sie versuchen, eine Separation von der Furcht zu erreichen, sie wie Wolken ziehen lassen.

- Da ist es hilfreich festzustellen – es ist nicht meine Angst, ich muss diese Angst nicht zu einem Teil von mir machen.

Vierte Säule: Wahrnehmung und Bewusstsein

Aufbauend auf den Grundgefühlen erfolgt im menschlichen Gehirn die Bewertung, Einordnung und Verarbeitung der eingehenden Informationen. Dieser Prozess wird Wahrnehmung genannt. Die Wahrnehmung ist der Startpunkt der geistigen Tätigkeit, also auch aller Gedanken, welche Leadership betreffen. Der Mensch besitzt noch dazu die besondere Fähigkeit des Bewusstseins, also jener Eigenschaft, dass man diese Wahrnehmung selbst auch wahrnehmen und damit beeinflussen kann und unterscheidet sich so von den Tieren, welche diese Fähigkeit nur in einem eingeschränkten Maße besitzen.

Verantwortung

Ein Aspekt des Bewusstseins ist die Frage der Verantwortung. Um was muss man sich kümmern, um was nicht? Können Sie für alles die Verantwortung übernehmen oder eigentlich für gar nichts – dies sind Extremstandpunkte einer spirituell-philosophischen Diskussion, welche bereits seit Jahrhunderten andauert.

Dieses Thema hat zwei Seiten, und wieder sind Sie gefordert, den guten mittleren Weg für sich selbst zu finden: Einerseits ist zu bemerken, dass heute zu wenig Verantwortung übernommen wird. Dinge gehen schief, Geld oder Güter gehen verloren, ja sogar Menschen sterben und eigentlich fühlt sich niemand verantwortlich. Auf der anderen Seite kommt es oft vor, dass Menschen zu viel Verantwortung übernehmen. Sie fühlen sich für Dinge verantwortlich, die sie nicht wissen konnten, die sie nicht beeinflussen konnten, oder aber für Dinge, welche in der Verantwortung anderer Menschen liegen und sind so großer Belastung unterworfen.

> **Übung 35: Kontemplation zum Thema Verantwortung**
> In dieser Kontemplation sollen Sie sich in meditativer Stimmung mit grundlegenden Fragen zum Thema Verantwortung befassen. Dazu suchen Sie sich einen Ort, an dem Sie etwa 30 Minuten ungestört sein können und in einer aufrechten Sitzhaltung für sich die folgenden Fragestellungen betrachten. Denken Sie daran – in einer Kontemplation ist die impulsive Antwort die gesuchte, nicht jene, die aus dem Intellekt stammt.
>
> **Wofür soll und kann ich Verantwortung tragen?**
> - Was geht mich in meiner Umgebung wirklich an, wo habe ich tatsächlich Verantwortung, da ich etwas bewirken oder verändern kann?

- Wo habe ich dazu beigetragen, dass etwas so geschieht, wie es geschieht, wo habe ich meinen Einfluss geltend gemacht?
- Welche Dinge entziehen sich meiner direkten Beeinflussung, wo kann ich nur zusehen?
- Wie stehe ich zu indirekter Verantwortung (beispielsweise für etwas, das mein Mitarbeiter getan hat)?

Was bedeutet Verantwortung, welche Konsequenzen hat sie?
- Ist Verantwortung für mich mit Schuld und Reue verbunden?
- Bedeutet Verantwortung für mich Rechtfertigung?
- Ist Verantwortung der Besitz von etwas oder der Einfluss auf jemanden?
- Ist Verantwortung die Möglichkeit, alles beeinflussen und steuern zu können?

Wovor fürchte ich mich bei der Verantwortung, was droht mir?
- Fürchte ich Schuld, Zurücksetzung oder Kritik?
- Fürchte ich Verantwortung für Aspekte und Teile, die mir gar nicht bewusst waren, die mir erst im Rückblick klar werden?
- Fürchte ich, für etwas, das ich nicht getan habe, verantwortlich gemacht zu werden?
- Fürchte ich, mich rechtfertigen zu müssen, meine Entscheidungen oder Handlungen darlegen zu müssen?
- Fürchte ich eine Veränderung meines Bildes wie ich bin, meines Selbstbildes?

Was ist das Gute an Verantwortung?
- Bringt sie mich dazu, fokussierter zu werden, besonnener zu handeln?
- Regt sie mich zu mehr Überlegung, zu mehr Vorbereitung an?
- Verantwortung heißt auch, die guten Dinge und Erfolge genießen zu können – ist mir das bewusst?

Wie will ich agieren und mit Verantwortung umgehen?
- Kann ich mich entscheiden, wo Verantwortung wirklich angebracht ist?
- Will ich mich nicht vor Verantwortung drücken, sondern sie bewusst und aktiv wahrnehmen?
- Bin ich mir dessen bewusst, auch die Auswirkungen und Konsequenzen beeinflussen zu können?
- Will ich also mein Verhältnis zur Verantwortung aktiv angehen?

Interaktion und Kommunikation

Ein großer Teil unserer Motivation, unseres Antriebs im menschlichen Dasein besteht darin, dass wir unser Ego bestätigt bekommen möchten. Wir tun viel dafür, um die Existenz unserer Persönlichkeit zugestanden zu bekommen, wir wollen üblicherweise beschäftigt aussehen. Es geht letztendlich immer darum, dass man sein Ego bestätigt bekommen will. In der Folge besteht die Interaktion im „normalen" Leben oftmals aus einer Art Handel – *ich gebe dir etwas, dafür bekomme ich deine Anerkennung (meiner Person).*

So resultiert daraus immer wieder Enttäuschung, ja sogar Wut oder Ärger, weil man nicht das bekommt, was man möchte. Auch wenn Ihr Gegenüber gar nicht weiß, was Sie von ihm/ihr wollen, fühlen Sie sich zurückgesetzt oder gar um etwas betrogen, das Ihnen zusteht. Die Interaktion sollten Sie auf das Fundament des Einsichtsdialogs stellen, um sie besser durchführen zu können.

Man kann generell fünf Arten der Beziehung von zwei oder mehr Personen zueinander vorfinden. Zumeist findet man aber nicht einen der fünf folgenden Typen allein vor, sondern eine Mischung verschiedener Aspekte, welche dann alle in Summe die Art des Verhältnisses zueinander bestimmen.

Um die Übung nun durchzuführen, setzen Sie sich an einen ruhigen, ungestörten Platz und nehmen Sie sich eine konkrete Beziehung vor. Idealerweise nehmen Sie eine Beziehung, welche aktuell ist. Egal ob im Positiven oder im Negativen. In dem Fall kommen Sie vielleicht der Wurzel manchen Konflikts und damit zumindest einer Entschärfung mancher Situation näher.

- **Abstraktionen:** Diese Konstellation beschreibt ein generelles Verbindungsverhältnis, das auf grundlegenden Gemeinsamkeiten beruht. Diese Gemeinsamkeit kann sehr genereller Art sein (wir unterliegen den gleichen physikalischen Gesetzen) oder aber auch spezieller (wir arbeiten für dasselbe Unternehmen etc.). Das interessante an dieser Interaktion ist, dass die beiden Parteien (meist) physisch getrennt sind, ja oftmals sogar den anderen Teil gar nicht kennen müssen. Die Verbindung in der Abstraktion kann beispielsweise der Buchautor und der Leser sein. Beide fühlen sich durch das Thema des Buches verbunden, kennen sich aber im Normalfall nicht persönlich – aber doch gibt es eine deutliche Beeinflussung der beiden Personen zueinander. Die Herausforderung liegt darin, dass das abstrakte Verhältnis von vielen Annahmen und Vorurteilen lebt – dagegen hilft nur das persönliche Kennenlernen. Bei großen Unternehmen kann man dieses Interaktionsmuster sehr häufig zwischen dem Vorstand und den einfachen Mitarbeitern vorfinden. Beide nehmen die andere Partei sehr abstrakt und unpersönlich wahr. Vorständen sehen (oftmals) in ihren Mitarbeitern nur Zahlen oder Humankapital oder, wenn es positiver kommt, generell Menschen. Diese Abstraktion entsteht aber nicht nur aus einem Überlegenheitsgefühl dieser Personen, sondern hat auch eine ganz klar Aufgabe. Wenn personelle Entscheidungen getroffen werden müssen, beispielsweise Kündigungen anstehen, ist es für den Vorstand leichter, über einen abstrakten Menschen zu entscheiden als über eine konkrete Persönlichkeit. Auch in der Gegenrichtung ist die Abstraktion zu bemerken. Für Mitarbeiter sind Vorstände (oft) „Die-da-oben", welche ebenso abstrakt wahrgenommen werden. Die Abstraktion stellt in unseren Interaktionsmustern den Startpunkt dar (Ausnahmen liegen in extremen Positionen vor, in denen anderen selbst das Menschsein abgesprochen wird) und kann sich bei weiser Entwicklung in eines der weiteren Muster entwickeln.

- **Freunde**: Dieses Verhältnis basiert auf der bereits beschriebenen Abstraktion, welche sich weiter vertieft und sich dabei auf eine kleinere soziale Gruppe einengt. Wie sich diese Gemeinsamkeit definiert, kann sehr unterschiedlich sein – sie kann auf sozialen Gemeinsamkeiten, Werten, gemeinsamen Erlebnissen oder ganz anderen Dingen beruhen. Das Gemeinschaftsverhältnis von Freunden (ohne es dabei auf eine klassische enge Freundschaft einzuengen) erfüllt ein Überlebensbedürfnis und ist im Tierreich eine der möglichen Strategien, erfolgreich zu sein. Der Mensch hat diese Strategie perfektioniert und über eine strategische Ausrichtung der Freundschaft, welche auch ohne die ansonsten bedingende Zuneigung auskommen kann, seine Position und Stellung optimiert. Ein bedeutendes Fundament, ohne das es aber in diesem Verhältnis keinesfalls geht, ist das Vertrauen der Freunde zueinander. Ohne Vertrauen bleibt es bei einem abstrakten Verhältnis oder der Konstellation Sklave und Herr.

- **Liebende**: Dieses Verhältnis von Menschen zueinander erweitert die bereits beschriebene Freundschaft um zwei (mögliche) Elemente. Einerseits ist das die Reproduktion, also der Entschluss, gemeinsam Nachkommen in die Welt zu setzen. Heute ist eine Reduktion vorzufinden, welche sich ausschließlich auf die Sexualität reduziert. Wenn sich Liebende über ein Element des

Überlebens und der Sorge definieren, so beschreibt das die Ehe oder eine innige Partnerschaft, deren Zweck in der gegenseitigen Sorge und Stütze der beiden Liebenden in der Welt liegt.

- **Mitarbeiter**: Dieses Konstrukt, das wir im Berufsleben häufig vorfinden, ist eine interessante Kombination der Abstraktion mit einem Aspekt des Überlebens. Dabei zeigt sich eine unerwartete Rollenumkehrung – es geht nicht nur um das (berufliche, finanzielle) Überleben des untergebenen Mitarbeiters, sondern im Verhältnis beeinflusst auch wie gut man mit dem Mitarbeiter arbeitet das eigene Überleben.

- **Sklave und Herr**: Diese Konstellation beschreibt in einer Beziehung das Überleben des einen auf Kosten eines anderen. Ein Teil dieser Beziehung schöpft sein Dasein aus dem, was der andere hat oder tut. Beispiele dafür können z.B. Schüler sein, welche Tests nur mittels Abschreiben bestehen. Interessanterweise sind beide Parteien in dieses Muster verstrickt – es benötigt immer diese Aspekte in beiden Personen, damit es zu einer solchen Konstellation kommen kann. Einen Herrn gibt es nur, wenn er auf einen Sklaven trifft, der das auch geschehen lässt. Problematisch daran ist, dass es auf beiden Seiten keinen Raum für Zufriedenheit gibt. Dass der Sklave über den Zustand nicht glücklich ist, können wir nachvollziehen, aber auch der Herr hat in diesem Muster langfristig kein Potential, Zufriedenheit zu erlangen. Auch wenn dieser Mensch mittelfristig (auf Kosten des Sklaven) extrem erfolgreich ist, so steht er doch immer im Risiko, dass entweder der Sklave sich emanzipiert, nicht mehr existiert oder sich das bestehende Machtverhältnis verändert.

Starke Gefühle

Starke Gefühle – Angst, Furcht o.Ä. treffen jeden Menschen früher oder später. Auch wenn man lange Zeit glaubt, ihnen entrinnen zu können, gibt es irgendwann den Zeitpunkt, wo das nicht mehr funktioniert. Wenn Sie diesen Gefühlen lange aus dem Weg gegangen sind, so treten diese starken Gefühle dann unentrinnbar auf, wenn Sie es am wenigsten brauchen können.

Besser ist es, sich ihnen zu stellen und mit ihnen zu arbeiten (Courage), sie nicht wegzuschieben, nicht davonzulaufen. Aber klug ist es auch, den richtigen Rahmen finden (Raum, Zeit), um sich zu stellen, nicht immer und sofort ist es zielführend, zu versuchen, mit diesen machtvollen Gefühlen zu hantieren.

Naheliegend wäre es, gegen solche Gefühle zu kämpfen – aber wie Sie aus Ihrer eigenen Geschichte vermutlich wissen, funktioniert das nur selten. Diese Gefühle haben meist einen tieferen Kern und Ursprung, ja sogar oft eine „positive" Komponente, welche auf den ersten Blick gar nicht auffällt. So ist es einmal ein anderer Ansatz, diesen Gefühlen zuzuhören und aus ihnen zu lernen bzw. sie sogar als Verbündete wahrzunehmen, anstatt sie vernichten zu wollen.

Übung 36: Dämonen füttern

Diese Übung mit einem etwas eigenartigen Namen ist sehr gut dazu geeignet, Ihnen zu helfen, sich mit starken, übermächtigen Gefühlen in einer strukturierten Weise auseinanderzusetzen. Ein Dämon ist in der Diktion dieser Übung nicht ein Fabelwesen aus der Mystik, sondern repräsentiert personifiziert unsere Gefühle und inneren unerwünschten Kräfte.

Ich werde Ihnen hier eine kurze Form der umfangreichen Methodik, welche in Tibet als Chöd bekannt ist, darlegen. Wenn Sie sich weiter in diese sehr leistungsfähige Methode vertiefen möchten, so kann ich Ihnen die Bücher von TSÜLTRÜM ALLIONE (siehe Literaturverzeichnis) sehr empfehlen.

Um diese Übung zu beginnen, ist es nötig, sich den Zeitraum zu sichern (am besten eine ruhige Stunde) und einen Platz zu finden, wo Sie ungestört zur Ruhe kommen können. Diese Übung können Sie sowohl alleine für sich durchführen oder sich durch einen Menschen begleiten lassen. Dieser Mensch, zu dem Sie sehr viel Vertrauen haben müssen, darf aber Ihre Erfahrungen, Bilder oder

Aussagen keinesfalls beurteilen. Seine (Ihre) Aufgabe liegt vielmehr darin, Ihnen in den einzelnen Schritten gute Fragen zu stellen, nachzubohren und dabei zur Seite zu stehen, dass die jeweiligen Schritte so gut wie möglich ausgeführt werden.

Als Erstes müssen Sie sich entscheiden, welchen Dämon Sie bearbeiten möchten. Dazu nehmen Sie den ersten, der Ihnen in den Sinn kommt (am besten ist jener, wo Sie sagen – bloß der nicht). Bei Kettendämonen[19] sollten Sie den obersten nehmen, mit den tieferen können Sie sich später beschäftigen.
Dann versuchen Sie, den Dämon auffinden, wo spüren Sie ihn im Körper, welche Form und Farbe fühlen Sie? Wenn Sie ihn personifizieren (z.B. in der Gestalttherapie) - welche Größe, Arme und Beine, Alter, Geschlecht, Gemüt hat er/sie/es – sehen Sie den Dämon gut an.
Wenn das geschehen ist, können Sie den Dämon fragen – was willst du von mir, was brauchst du, wie fühlst du dich, wenn du bekommst, was du brauchst?

Anschließend kann es hilfreich sein, sich in den Dämon hineinzuversetzen, zu versuchen, so zu fühlen, wie er fühlt, und dann die Fragen zu beantworten. → Darin liegt die Antwort, was Sie Ihrem Dämon zukommen lassen sollen, was das tiefere Bedürfnis eigentlich ist. Bedeutend ist, den Kern herauszufinden (oft will der Dämon etwas anderes, als auf den ersten Blick gemeint).
In der Originalmethode würde hier eine sehr herausfordernde Übung stehen (sich selbst darzubringen), was ich aber für unsere Zwecke für nicht durchführbar erachte.

Wenn Sie aber nun wissen, was der Dämon will, so können Sie ihm das zukommen lassen, entweder als Gefühl/Energie jetzt in dieser Meditation oder auch, indem Sie Ihr tägliches Verhalten anpassen und so den Dämon füttern.
Wann immer Sie den Dämon füttern, passiert etwas Unerwartetes, statt größer und mächtiger zu werden, kann dieser Dämon kleiner, kompakter werden oder sich gar wandeln – beobachten Sie, welche Veränderungen Sie ausmachen können.

---

[19] Wenn Sie bemerken, dass hinter einem Dämon ein weiterer Dämon steht.

Der Dachstuhl: Flow in allen Lebenslagen erzielen

Eine übergreifende, verbindende und tragende Komponente des SMPLT-Programmes stellt der Zustand, welcher als Flow beschrieben wird, dar. Auch wenn in einem früheren Kapitel dieses Buches die meditative Vertiefung als ähnliches Erlebnis angeführt wurde, so möchte ich hier „nur" den Flow beschreiben, da das Erlangen einer solchen Vertiefung weit über ein paar Übungen hinausgeht und eine längere und intensivere meditative Schulung benötigt.

Der Begriff des Flow wurde vom amerikanischen Psychologen CHICKSENTMIHAILY postuliert, welcher den Begriff für einen Zustand geprägt hat, wenn man voll und ganz in einer Tätigkeit aufgeht und dadurch die Wahrnehmung von Anstrengung, Raum und Zeit völlig verändert wird.

Obwohl der Zustand im weltlichen Bereich häufig im Sport oder in der Kunst anzutreffen ist, führe ich ihn hier als spirituelle Komponente an, da er in diesem Bereich wurzelt und dort nicht nur einen Endzustand (wie im weltlichen), sondern den Beginn einer spirituellen Entwicklung darstellt.

Bei Flow handelt es sich um eine sogenannte autotelische Erfahrung, also eine Aktivität, welche man nur um ihrer selbst willen unternimmt, Ergebnisorientierung lässt Flow nicht zu.

Ein wichtiger Grundsatz, wann und wie Flow entstehen kann (ohne späteren Punkten vorzugreifen), liegt darin, dass zu dem Zeitpunkt die Anforderungen (Challenges) und die nötigen Fähigkeiten (Skills) in einem Menschen in Balance sind. Ist das nicht der Fall, dann befindet man sich entweder im Bereich der Unterforderung oder der Angst.

Wichtig ist es, an dieser Stelle festzuhalten, dass die „Größe" der beiden Bereiche subjektiv und vor allem vom Moment abhängig ist.

- **Challenge/Skills Balance**: Flow tritt nur dann ein, wenn die Anforderungen und Fähigkeiten in einer Balance stehen, es ist also ein Produkt des mittleren Weges. Um also zu erlernen, in den Bereich des Flow zu kommen (ohne ihn nur zufällig zu erleben), ist es nötig, dass Sie im ersten Schritt diese beiden Seiten der Gleichung in sich und im Moment abschätzen können, um darauf reagieren zu können. Einen der beiden Bereiche zu verändern (je nachdem, was möglich ist) bringt Sie einem Flowerlebnis näher. Dafür ist es bedeutend, sich in der Achtsamkeit zu üben.

- **Verschmelzen von Aktion und Achtsamkeit:** Das Tun und die Achtsamkeit auf das Tun werden eines, man versinkt völlig im Tun. Es gibt dann kein Beobachten mehr, was passiert, sondern die Beobachtung und das, was beobachtet wird, ist nicht mehr unterscheidbar. Diese etwas eigenartige Beschreibung dessen, was passiert, zeigt sehr deutlich, dass dieser Zustand nicht willentlich und zielorientiert herbeigeführt werden kann, sondern nur direkt erlebbar ist, das Loslassen ist dazu nötig.

- **Klare Ziele:** Einen Flowzustand erreicht man nur über die klare Zielformulierung und das Handeln danach. Interessanterweise ist es aber nicht das Ziel, einen solchen Zustand zu erreichen, der ihn bringt, im Gegenteil – auf diesem Weg erlangt man den Flow nicht. Es geht vielmehr um das Ziel, sich einer Sache ganz hinzugeben, sich mit etwas völlig zu beschäftigen. Ob das eine sportliche Tätigkeit, etwas Berufliches, Meditation oder die Freizeit ist, ist völlig egal, immer und überall ist ein Flowerlebnis möglich.

- **Klares Feedback:** Eine weitere Voraussetzung, um einen Flowzustand zu erreichen, ist ein klares Feedback, wie man sich (in Bezug auf den Prozess) macht. Um die zuvor erwähnte Balance zwischen Challenges und Skills zu erlangen, ist eine laufende, feine Justierung nötig (die meist ganz automatisch abläuft). Damit sie aber ablaufen kann, ist ein klarer, unmissverständlicher Indikator vonnöten.

- **Konzentration:** Die Konzentration auf die Sache selbst ist, wie bereits gesagt, der Schlüssel, um über die Sache in den Flowzustand zu geraten. Wenn jedoch der Geist zerstreut und abgelenkt ist, wird das nicht gelingen.

- **Gefühl der Kontrolle:** Ein Flowerlebnis ist in sich etwas eigenartig und schwer verständlich. Einerseits entsteht Flow nur durch ein komplettes Einlassen und Loslassen in die Situation, in das Tun, also einer kompletten Abgabe der Kontrolle. Anders als erwartet führt das aber nicht zu einem hilflosen und ausgelieferten Gefühl (zumindest nicht in diesem Status), sondern zu einem interessanten Gefühl von Kontrolle.

Es ist eine andere Art von Kontrolle – nicht, da Sie etwas beabsichtigen, sondern eine Art der Kontrolle, da Sie eigentlich schon alles wissen. Durch das Verschmelzen mit seiner Umgebung erweitert sich die Art der Wahrnehmung. Außerdem fallen diese Kontrollentscheidungen auch anders, es ist ein organisches Fließen und weniger ein Agieren oder Reagieren.

- **Verlust des Bewusstseins eines Selbst:** Ein Flowerlebnis ist dadurch gekennzeichnet, dass es währenddessen bzw. darin kein Gefühl eines Ichs, eines Selbst gibt. Es heißt aber nicht, dass man sich in einer Trance oder einem ähnlich unbewussten Zustand befindet, ganz im Gegenteil, man ist hellwach und klar. Aber egal was passiert, dass das Selbst kein Thema mehr ist und immer mehr verblasst, das ist schwer zu beschreiben und muss selbst erlebt werden. Einerseits könnte man es so beschreiben, dass es keinen Gedanken mehr in der Form gibt *Ich will* ..., sondern der Gedanke nur ein Wollen ist, ohne Personenbezug. Sportler beschreiben oftmals ein scheinbares Verschmelzen mit der Mannschaft (man fühlt sich als eine Art Gesamtorganismus) oder dem Sportgerät (ein Radfahrer fühlt „sich" eins mit dem Rad). Was aber all diesen Beschreibungen gemeinsam ist – das Ich gibt es hier nicht, oder anders gesagt: Das Ich kann keinen Flow erleben.

- **Transformation der Zeit:** In einem Flowerlebnis kann die Zeitwahrnehmung verloren gehen. Das kann in zwei Richtungen geschehen, entweder hat man das Gefühl, dass ein Moment fast ewig dauert, andererseits ist auch das Erlebnis möglich, dass mehrere Stunden wie ein Moment empfunden werden.
Beide Varianten sind ein deutliches Zeichen für Flow. Das darf aber nicht damit verwechselt werden, wenn Sie sich so auf eine Arbeit konzentrieren, dass Sie alles andere ausschließen, ist es nicht Flow; dann, wenn es ganz automatisch kommt und ihnen ganz unwillkürlich passiert, liegen sie richtig.

- **Autotelie:** Ein Flowerlebnis wird als autotelisch beschreiben – was ist das? Autotelie heißt, dass sich über eine Feedbackschleife das Erlebnis selbst verstärkt und fördert, dass es nicht einem (externen) Ziel oder Wunsch unterworfen ist, sondern lediglich sich selbst dient. In praktischer Umsetzung heißt das, dass Sie sich einen Flowzustand nicht wünschen können, sondern dass er von selbst entsteht, und dass in diesem Zustand (bzw. am Weg dorthin) ein Wunsch diesen Zustand wieder aufhebt.

Das Dach: Loslassen, das Ich auflösen – Führen aus der Offenheit

Initial werden Sie wohl denken, dass diese Überschrift nur ein schlechter Scherz sein kann, wenn im Buddhismus davon gesprochen wird, das Ich zu reduzieren oder gar aufzulösen. Management oder Führung sind doch somit nicht mehr möglich. In diesem Kapitel, welches ich sogar als das schützende Dach dieses Programmes ansehe, werde ich versuchen, Ihnen darzulegen, dass genau das Gegenteil der Fall ist, dass ein gesundes Selbst und ein leeres Selbst kein Widerspruch sein müssen.

Bisher war es für Sie wichtig, ein Gefühl des Selbst zu bekommen, was auch gut und nicht abzulehnen ist. In dieser (physischen) Welt benötigt man ein Selbst, um sich zu positionieren. Zu behaupten, das ist abzulegen, wäre so schlichtweg nicht möglich. Der Nachteil dieses Vorgehens liegt darin, dass das Ich den Rest des Bewusstseins zu kontrollieren beginnt und uns so zu unnötigen Ansichten und Handlungen bewegt.

Wenn Sie Ihren Standpunkt der Identität (oder die Gedenken, was Ihre Identität sein kann) fallen lassen, so erkennen Sie, dass Sie zu der Zeit aus einer Position der Offenheit, der Verletzbarkeit führen (im Tibetischen wird es *jinpa* genannt, im Japanischen *Shin* – direkte Wahrnehmung). Das ist natürlich ein Risiko. Verletzbar und offen zu sein ist nicht angenehm und nicht ohne Risiko, insbesondere wenn man Jahrzehnte genau am Gegenteil gearbeitet hat. Ich will an der Stelle von Ihnen auch nicht fordern, diesen Schritt sofort und bedingungslos umzusetzen. Vielmehr ist es wichtig, dass Sie Ihre Umgebung analysieren und für sich selbst herausfinden, wo und wie viel Sie aus der Offenheit führen können und wollen.

Dieser Schritt ist nicht nur ein Risiko, auch sehr viele positive Effekte können beschrieben werden. Egal ob CEO, Olympiasieger – nur wenn Sie aus der totalen Offenheit führen, sind Sie zutiefst authentisch, weil Sie nicht versuchen, irgendwas irgendwo zu gewinnen. Sie vertrauen sich selbst komplett.

Dieser Schritt muss nicht mit einem kompletten Umkrempeln des Lebens einhergehen – es sind vielmehr die kleinen Schritte, die bedeutend sind. Beispielsweise wenn Sie in Ihrem Unternehmen an der Position angekommen sind, wo Sie nicht mehr aufsteigen wollen und nicht mehr absinken können, haben Sie einen solchen Zustand erreicht. Sie haben keine Wünsche und Begehrlichkeiten und können Ihre Meinung offen und frei darstellen – da es „nur" noch um die Fakten geht und nicht mehr darum, etwas damit zu erreichen. Und nachdem Sie nach unten hin abgesichert sind, brauchen Sie auch keine Angst vor unangenehmen Konsequenzen haben. Auch das ist bereits ein Aspekt dieses Ansatzes. Bedeutend ist es, den Zustand zu finden.

Übung 37: Verbundenheitsübung

Nehmen Sie eine achtsame und aufrechte Körperhaltung ein. Nun steht im Mittelpunkt, in welcher Weise Sie mit der Umgebung verbunden sind. Das Licht, das auf die Augen fällt, die Bewegung der Luft, der Kontakt zum Boden. Sie können sich bewusst werden, Teil einer Gruppe zu sein, Teil eines Hauses, einer Firma, Teil einer Sprachgemeinschaft. Sie nutzen Dinge, die andere hergestellt haben, Sie lernen von anderen, Sie lehren evtl. andere.

Hilfreich ist dabei, entweder den Tagesablauf zu visualisieren oder sich beispielsweise beim Frühstück gewahr zu machen, wer aller daran beteiligt war. Das macht sehr gut die Verbindung bewusst.

Übung 38: Anatta

Eine meditative Betrachtung zum Thema, wer oder was bin ich, was ist meine Persönlichkeit, spricht das Thema der Leerheit an.

Dazu setzen Sie sich in eine angenehme Position, in welcher Sie nicht eindösen. Ob das eine meditative Haltung oder ein gemütlicher Stuhl ist, tut hier nichts zur Sache. Kommen Sie mit einer der bereits erlernten Methoden zur geistigen Ruhe (Atembetrachtung, Körperpunkte, ...), bis Ihr Geist gerichtet ist und nicht mehr abschweift.

Stellen Sie sich nun einen Beutel vor, in den Sie alles geben, von dem Sie glauben, es seien Sie, es sei Ihre Persönlichkeit.

- Ihren Körper, Ihren Geist
- Haben Sie bereits Ihre Kleidung, Ihren Schmuck und alles, was Sie äußerlich darstellt, in den Beutel gegeben?
- Haben Sie schon daran gedacht, Ihre Rasse, Ihre Staatsangehörigkeit, Gruppenzugehörigkeit in diesen Beutel zu geben?
- Ist Ihre Religion, Ihr Glaube bereits im Beutel?
- Haben Sie Ihre Meinungen, Urteile und Vorstellungen bereits in den Beutel gegeben?
- Haben Sie noch etwas vergessen – gibt es noch etwas, das da hineingehört?

Wenn nun alles in diesem Beutel ist, das drin sein soll, so ist die Frage angebracht, wer nun all das beobachtet?

Zusammenfassung des Programmes

Abschließend wollen wir nochmals rekapitulieren, was Sie in dem Programm bisher gelernt haben.

Das Programm besteht neben dem theoretischen Unterbau aus zwei wichtigen, einander ergänzenden Bereichen.
Einerseits einer Reihe an **unterstützenden Übungen** für jeden Tag. Diese helfen Ihnen, in den drei Aspekten Ihres Daseins mehr Integrität zu schaffen, diesen Dingen näher zu kommen.
Die Aufzählung der dafür geeigneten Übungen in diesem Buch ist bei weitem nicht vollständig, kann und soll aber eine Idee geben, in welchen Bereichen Sie persönlich Entwicklungspotential haben, wo Arbeit nötig ist, und aus welcher Ecke Techniken oder Dinge angegangen werden können, um dort nachzuholen, wo Sie es für nötig erachten.
Das Programm selbst ist ein **Weiterentwicklungskonzept**, welches von der Basis der Dinge anhand des Buddhismus zu einem erfüllten Leben als Entscheider, Entscheiderin, Führungskraft, Manager, Managerin oder Leader führen soll, ohne Sie aber zu einem Buddhisten zu machen. Die vorgestellten Ansätze, welche überwiegend im Buddhismus ihr Fundament haben gelten und funktionieren für jeden Menschen, egal welcher religiösen Anschauung man ist.

Wichtig ist also in Summe das Kapitel *Unterstützung Ihrer Integrität* bestimmt die täglichen Aufgaben, die kleinen Übungen und hilfreichen Methoden, und das Kapitel *Das Vollprogramm - SMPLT* ist der konzeptionelle stufenweise Fortschritt, das sind umfangreiche Themengebiete, welche Sie nach und nach angehen können und sollen, ggf. auch im geschützten Rahmen oder durch Menschen unterstützt. Besonders bedeutend ist nicht zu vergessen dass diese beiden großen Kapitel voneinander abhängig sind, dass ein Fortschritt nur dann erlebt werden kann wenn Sie Beide als ihren Entwicklungsweg heranziehen und üben.

Rekapitulation und Coaching

Wir stehen nun am letzten Punkt dieses Buches. Ich habe Sie ausgehend von einer Bestandsaufnahme und Ursachenforschung hin zu ihren persönlichen Wünschen und Zielen im Rahmen von Führungsaufgaben und im Leben generell geleitet. Auch habe ich Ihnen dargelegt, welche unterstützenden und fördernden Ansätze Ihnen auf den unterschiedlichen Ebenen Ihrer Persönlichkeit helfen können.

Auch das Kernprogramm und Übungen dazu habe ich dargestellt. Die Ängste und Überlegungen sind naturgemäß ein kleiner allgemeingültiger Ausschnitt. Da jeder Mensch anders ist, benötigt jede/jeder de facto individuelle und für die aktuelle Lebenssituation stimmige Übungen und Aufgaben.

Wie kann oder soll man üben?

Nun, es gibt zwei Möglichkeiten. Einerseits können Sie die Ansätze, Vorschläge und Gedanken dieses Buches nehmen und sich selbst trainieren. Insbesondere wenn Ihnen die Dinge leicht von der Hand gehen, Sie schon die eine oder andere Erfahrung damit haben, sich selbst zu betrachten, oder in der Meditation geübt sind, dann ist es ein Leichtes, mit dem Buch als grobe Richtschnur Ihren Weg zu gehen und intuitiv ein Gefühl dafür zu entwickeln, was nötig ist.

Wenn Sie jedoch bemerken, dass Ihnen Übungen oder Überlegungen nicht so leicht von der Hand gehen, besteht die Möglichkeit, ein Coaching in Anspruch zu nehmen. Das macht vor allem dann Sinn, wenn Sie wohl die Inhalte und Vorschläge des Programmes gut finden, aber mit den Übungen Probleme haben. Ein solcher SMPLT-Coach kann und wird Ihnen mit weiteren und persönlich auf Sie zugeschnittenen Übungen helfen, diese Ziele zu erreichen und das Bild zu klären, wo es nötig ist. Dies kann nur in Einzelarbeit stattfinden, einerseits da es sich um Ihre ganz persönlichen Lebensumstände handelt, welche zur Sprache kommen (welche keinen Dritten etwas angehen), und andererseits weil die eine oder andere Methode, welche der Coach anwendet, einen Dialog, eine Kommunikation oder andere Methoden der Interaktion beinhaltet.

Ein solches Coaching kann als eine Art Kurs sinnvoll begonnen werden – nach einer Bestandsaufnahme wird in mehreren Sitzungen daran gearbeitet, die Basis dieses Programmes zu etablieren. Je nachdem, wie Ihre Ausgangssituation aussieht, kann das sehr rasch gehen oder auch länger dauern.

Danach steht Ihnen die Entscheidung offen: Sie können mit dem Buch arbeiten, wenn Sie sich sicher genug fühlen, Sie können regelmäßige Coachings vorsehen, oder auch on-demand auf einen Coach zurückgreifen, wenn Sie eine besondere Situation, Aufgabe oder Herausforderung zu bewältigen haben.

Wenn Sie Interesse an einem solchen Coaching haben, können Sie den Autor direkt unter gerald_schinagl@yahoo.com kontaktieren.

Übersicht der Übungen

Übung 1: 8-Punkte-Meditation...55
Übung 2: Wo finde ich meine Zuflucht?..58
Übung 3: Entspannung über die Atmung..60
Übung 4: Balancieren der Herzrate...61
Übung 5: Körperentspannung...61
Übung 6: Der Platzmattenprozess...62
Übung 7: Die Wertschätzung (für etwas) steigern.................................64
Übung 8: Sich abends des Guten vergewissern......................................65
Übung 9: Metta-Meditation..66
Übung 10: Selbstkontrolle in schweren Situationen..............................68
Übung 11: Analyse einer Stimmung...70
Übung 12: Das Buch des Positiven...71
Übung 13: Meine Rollen..74
Übung 14: Turn it to the Manager..75
Übung 15: Fokusrad...77
Übung 16: Achtsamkeit im Alltag..79
Übung 17: Achtsamkeitspausen..80
Übung 18: Bewusstes Essen...81
Übung 19: Unser Lebensmuseum...82
Übung 20: Die Mitmenschen segnen..84
Übung 21: Nicht-fokussierte Atembetrachtung.....................................85
Übung 22: Kontemplation der persönlichen Ethik auf der Basis der fünf buddhistischen Silas...89
Übung 23: Das Gefühl von Großzügigkeit wiederentdecken..................93
Übung 24: Der Geldbörsenprozess...94
Übung 25: Kreativer Workshop..95
Übung 26: Kontemplation – Arbeit...96
Übung 27: Einsichtsdialog...99
Übung 28: Meine Lebensziele..101
Übung 29: Bodyscan..104
Übung 30: Die Etablierung von Achtsamkeitspausen..........................106
Übung 31: Achtsam und wachsam bleiben..107
Übung 32: Die Lücke wahrnehmen...110
Übung 33: Annehmen und benennen...110
Übung 34: Umgang mit der Angst...111
Übung 35: Kontemplation zum Thema Verantwortung.........................112
Übung 36: Dämonen füttern..117
Übung 37: Verbundenheitsübung..123
Übung 38: Anatta...123

Anhang 1: Neurobiologische Grundlagen

Physische Grundlagen – Gehirnstrukturen

Um die Funktionsweise des Gehirns zu verstehen, um nachzuvollziehen, warum wir Menschen so reagieren, wie wir reagieren, ist es nötig, seine Struktur und Besonderheiten zu kennen. Im Folgenden werden ausgewählte Strukturen des Gehirns vorgestellt, ohne jedoch den Ansprüchen und Standards der Medizin Genüge tun zu können. Lediglich jene Strukturen und Areale, welche in diesem Buch angesprochen und referenziert wurden, werden hier so weit beschrieben, als es für das Thema und das Verständnis relevant ist.

- **präfrontaler Cortex (PFC):** Diese Region befindet sich, wie der Name sagt, stirnseitig im Schädel angeordnet. Sie empfängt und verarbeitet die Signale der Sinnesorgane, die an und für sich noch *neutral* sind, bewertet diese mit den bereits erlernten emotionalen Inhalten, welche das limbische System dazu anliefert, und initiiert in der Folge Ihre unmittelbaren Handlungen und Aktivitäten. In dieser Region des Gehirns werden Pläne geschmiedet und Ziele definiert. Im präfrontalen Cortex planen Menschen alles – egal ob es der nächste Moment oder die ferne Zukunft ist.
Neben der beschriebenen Zielorientierung ist dieses Areal des Gehirns eng mit der Motivation und dem Eigenantrieb verbunden.
Die (emotionalen) Reaktionen des limbischen Systems selbst werden durch den PFC gedämpft. Das zeigt sich darin, dass Menschen mit Schäden am PFC neben einem Planungsproblem häufiger unter Triebenthemmung leiden oder auch den Gerechtigkeitssinn verlieren können.

- **anteriorer cingulärer Cortex (ACC):** Dieser Region, welche ebenfalls im vorderen Gehirnbereich angeordnet ist, übernimmt eine Reihe von automatischen Funktionen in der Steuerung des Körperstatus wie beispielsweise der Regulation von Blutdruck und Herzschlag. In diesem Buch erwähnen wir diese Region deshalb, weil sie für die Integration von Denken und Fühlen verantwortlich ist und damit die Basis für das Mitgefühl und die Empathie legt. Auch die dauerhafte Achtsamkeit, egal ob in der Meditation oder bei der Konzentration auf eine bestimmte Tätigkeit, basiert auf dieser Integrationsleistung des ACC.
Hier ist ein fördernder Verstärkungsmechanismus zu beobachten: Nicht nur die Achtsamkeit resultiert aus dem anterioren cingulären Cortex, die geübte Achtsamkeit selbst wiederum fördert und trainiert diese Region. Beispielsweise zeigen Meditierende in entsprechenden medizinischen Untersuchungen in diesen Gehirnbereichen eine deutlich höhere Aktivität als durchschnittliche Menschen.

- **Inselcortex:** Der Inselcortex ist ein eingesunkener Teil der Großhirnrinde, dessen konkreter Aufgabenbereich Thema der aktuellen neurologischen Forschung ist. Neben der Wahrnehmung des inneren Körperstatus (z.B. Gleichgewicht, Herzschlag, Füllungsstand der Blase, …) findet in diesem Bereich die emotionale Bewertung von Schmerz statt. Das bedeutet, dass der Körper über die Sinnesorgane physischen Schmerz als Grundinformation anliefert und erst das Gehirn den tatsächlichen Schmerz definiert. Dieser Vorgang erlaubt es, nachzuvollziehen, warum Menschen Schmerzen individuell wahrnehmen bzw. sogar lernen können, mit stärkeren Schmerzen umzugehen – da es primär eine Sache des Gehirns (und damit des Geistes) und nicht des Körpers ist.
Dieser Bereich des Gehirns scheint neuesten Forschungen zufolge auch mit dem Suchtverhalten in Verbindung zu stehen.
Eine weitere Besonderheit stellen die in der Region vorkommenden Spiegelneuronen dar, welche eine Grundlage für Empathie und damit das soziale Zusammenleben darstellen.

- **Thalamus:** Der Thalamus bildet einen großen Teil des Zwischenhirnes und stellt eine Art „Relaisstation" für Sinneninformation an das Großhirn dar. Diese Region entscheidet, welche der vielen eintretenden Sinnesreize an das Großhirn zur Verarbeitung weitergeleitet werden und welche im Moment unwichtig sind und damit ausgefiltert werden. Eine zu geringe Aktivität dieser Gehirnregion (es werden zu viele Reize durchgelassen) ist eine der bedeutendsten körperlichen Ursachen von Stress. Aufgrund seiner filternden Funktion wird der Thalamus auch als *Tor zum Bewusstsein* bezeichnet. Besonders zu erwähnen ist, dass die Opioidrezeptoren des Gehirns ebenso in dieser Region beheimatet sind. Wenn diese angesprochen werden, so kann zumindest ein Teil des Schmerzempfindens noch vor dem Inselcortex ausgeschaltet werden (also erst gar nicht an das Großhirn übertragen werden). Bei Menschen, welche eine sehr hohe Sinnesachtsamkeit besitzen (z.B. Musiker), zeigt der Thalamus eine Anpassung, indem eine bestimmte Kategorie an Sinnesreizen (in diesem Fall Töne) weniger gefiltert und eingeschränkt wird als andere.

- **Gehirnstamm:** Dieser Bereich des Gehirns, welcher sich in der Evolution der Wirbeltiere am wenigsten entwickelt hat, besitzt aus der Sicht dieses Buches keine besondere strukturelle Funktion, ist aber doch als bedeutend zu betrachten, da er die Stoffe Serotonin und Dopamin (deren Funktion im folgenden Bereich beschrieben wird) aus dem Körper in das Gehirn überträgt.

- **Balken (Corpus callosum):** Diese Querverbindung zwischen den beiden Großhirnhälften tauscht laufend Informationen zwischen den beiden sehr unterschiedlich arbeitenden Gehirnhälften aus und stellt so die integrative Verbindung der beiden Denkstrukturen dar (z.b. Sprachzentrum und visuelles Zentrum) und ermöglicht erst auf diesem Weg die selbstverständlich erscheinende Erfahrung einer umfassenden Beurteilung und Bewertung Ihrer Erfahrungen. Eine Störung in diesem Bereich wird als Split-Brain Syndrom bezeichnet. Menschen mit dieser Beeinträchtigung können diese beiden Wahrnehmungen nicht simultan verbinden und erkennen beispielsweise einen Gegenstand (wenn er nur mit einem Auge gesehen wird), ohne ihn benennen zu können.

  Ein interessanter physiologischer Unterschied zwischen Männern und Frauen ist hier zu beobachten, da im weiblichen Gehirn der Balken ca. 15% mehr Nervenzellen aufweist und Frauen damit besser befähigt, diese Integrationsleistung der Gehirnhälften zu vollbringen.

  Weiters beeinflusst diese Gehirnregion den Schlafzyklus, eine höhere Aktivität fördert das Durchschlafen.

- **Kleinhirn (Cerebellum):** Das Kleinhirn ist der hauptsächliche Sitz der willkürlichen und unwillkürlichen Motorik und reguliert die Bewegungen und die körperliche Koordination. Im Zusammenhang mit diesem Buch weist diese enorm wichtige Region aber keine weitere oder besondere Bedeutung auf.

- **limbisches System:** Dieses System, das aus mehreren Strukturen besteht, dient der Verarbeitung von Emotionen und ist der hauptsächliche Sitz des Triebverhaltens (auch wenn das Triebverhalten selbst über das ganze Gehirn verteilt ist). Das limbische System (dessen Existenz und genaue Funktion Thema heftiger wissenschaftlicher Diskussion sind) besteht aus folgenden Arealen:

  - **Basalganglien:** In diesen Zellgruppen werden geistige Leistungen wie Spontaneität, Affekt, Stimulation und Belohnung verarbeitet. Wie Sie dieser Liste entnehmen können, gibt es nicht nur in der Erfahrung, sondern auch in der physischen Anordnung der verantwortlichen Zellgruppen eine ausgesprochen starke Verbindung zwischen Affekt und Belohnung.
  - **Hippocampus:** Diese Region weist größte Bedeutung für die Gedächtniskonsolidierung auf, also für die Überführung von Inhalten des Kurzzeitgedächtnisses in das Langzeitgedächtnis. Von dieser Region ist es abhängig, wie gut wir lernen, daher ist es auf jeden Fall zielführend, das Lernen zu lernen, um diese Region zu

trainieren. In der reziproken Funktion ist es auch der Hippocampus, welcher aus den einzelnen Erinnerungen der verschiedenen Gehirnregionen eine gesamte Erinnerung „konsolidiert". In diesem Bereich wird gleichsam Erinnerung „gemacht".

- **Amygdala**: Der sogenannte Mandelkern ist bei der emotionalen Bewertung von Situationen bedeutend und ist zentral an der Entstehung der Angst als eine der kräftigsten menschlichen Emotionen beteiligt. Dieses Gehirnareal ist an der Lustempfindung (und damit der Sexualität) beteiligt und fungiert weiters als eine Art Alarmglocke auf negative Stimuli, indem es Ereignisse mit Emotionen verknüpft speichert (und damit Traumata behalten oder PTBS generieren kann).
- **Hypothalamus**: Diese Region reguliert die primären Bedürfnisse des Menschen (Hunger, Sexualität) und erzeugt das Hormon Oxytocin.

Neurochemie

Die bisher beschriebenen Strukturen des Gehirns alleine reichen noch nicht aus, um die kontinuierlich ablaufenden Vorgänge und Prozesse des Geistes nachvollziehen zu können. Gerade die laufende Verarbeitung von Informationen beruht neben der bereits beschriebenen physischen Basis auf dem Zusammenspiel einiger chemischer Verbindungen, welche ich nun kurz anführen möchte.

- **Neurotransmitter**
  Bei diesen chemischen Stoffen handelt es sich um Verbindungen, welche für die Informationsübertragung zwischen den einzelnen Nervenzellen bedeutend sind. Diese Stoffe sind es, welche die grundlegende Nervenfunktionalität sicherstellen. Ohne diese Stoffe würde im gesamten Körper keine Informationsübertragung stattfinden können.
  - **Glutamat**: Diese Aminosäure aktiviert das Zentralnervensystem und steigert so den Aktivierungsgrad des gesamten Nervensystems. Glutamat versetzt Menschen in einen alarmierten und sehr wachen Zustand, aber dieser Zustand ist sehr energiebedürftig und kann daher nicht dauerhaft aufrechterhalten werden.
  - **GABA** (Gamma-Amino-Buttersäure) und **Glycin**: Hemmen die Nervenzellen des Zentralnervensystems und sind so der dämpfende Gegenspieler des Glutamats.

- **Neuromodulatoren**: Die Stoffe, welche in dieser Gruppe zusammengefasst werden, beeinflussen die zuvor beschriebenen Neurotransmitter und verstärken oder schwächen ihre generelle Wirkung in bestimmten Arealen des Gehirns. Während der Spiegel der zuvor beschriebenen Neurotransmitter den generellen Aktivierungszustand bestimmt, sind es die Neuromodulatoren, welche die konkrete Regulation einzelner Funktionskreise oder Regionen maßgeblich beeinflussen. Dabei handelt es sich um:

o **Serotonin**: Dabei handelt es sich um ein körpereigenes Hormon, welches die Blut-Hirn-Schranke überwinden kann, also aus dem Körper in das Gehirn gelangen kann. Es beeinflusst die Stimmung zumeist in positiver Weise (wird auch als ein Glückshormon bezeichnet), ein Mangel kann beispielsweise die Ursache von Angst und impulsiver Aggression sein. Ein zu hoher Serotoninspiegel ist aber auch kontraproduktiv, da er sich in übertriebener Euphorie, Halluzinationen und einem aggressiven Verhalten ausdrücken kann. Auch der Schlaf wird durch Serotonin beeinflusst, indem ein Mangel dieses Stoffes die Einschlafneigung reduziert und den Körper wach hält. Weiters zügelt Serotonin den Appetit und kann das Schmerzempfinden je nach Umfeld verstärken oder abschwächen.

o **Dopamin**: Dieses ist ebenfalls ein Stoff, der mit Glückserlebnissen in Verbindung gebracht wird und besonders bei Flow-Erlebnissen auf einem hohen Spiegel vorliegt. Im Gehirn wird das Vorhandensein von Dopamin mit dem Mechanismus der Belohnung in Verbindung gebracht. Eine Gefahr des Dopamins liegt darin, dass dieser Stoff dafür verantwortlich ist, (andere) berauschende Substanzen oder Zustände in ihrer Wirkung zu verstärken (führt zur Trennung von Beobachter und Beobachtetem) und es scheint bei seiner Abwesenheit für einen Teil der erlebten Entzugserscheinungen verantwortlich zu sein. Ein übermäßig hoher Dopaminspiegel wird neueren Untersuchungen zufolge in Verbindung mit Schizophrenie gebracht.

o **Acetylcholin**: Viele kognitive Prozesse (Wahrnehmung) sind an das Vorhandensein dieses Botenstoffes gebunden, das zeigt sich beispielsweise darin, dass bei Menschen mit der Alzheimer-Krankheit sehr häufig ein Absterben der Zellen, welche diesen Stoff produzieren, zu bemerken ist. Auch für Lernvorgänge (und deren Erfolg) spielt diese Verbindung eine große Rolle, um die Übertragung von wahrgenommenen Informationen (Gesehenes, Gelesenes) in das Gedächtnis (über den Hippocampus) zu fördern. Eine große Rolle spielt der Stoff in der Informationsübertragung vom Nerv zum Muskel hin. Eine Blockade dieses Stoffes (z.B. durch das Gift Parathion) führt zum Tod, da kein Muskel mehr angesteuert werden kann (und somit Herzstillstand und Ersticken folgen).

- ○ **Noradrenalin**: Ist wie das bekannte Adrenalin ein Botenstoff der Flucht. Es bewirkt, dass die intellektuellen Fähigkeiten herabgesetzt werden und alle verfügbaren Ressourcen des Körpers auf die Muskeln (für die Fluchtbewegung) sowie die Sinnesorgane (z.b. Augen, Ohren) gebündelt werden. Dieser Funktionskreis war in früheren Zeiten für das Überleben der Menschen besonders bedeutend (alle Ressourcen auf die Flucht zu konzentrieren), aber auch heute noch sind wir stark von diesem Stoff beeinflusst. In Konfrontationssituationen kann es vorkommen, dass dieser Stoff massiv ausgeschüttet wird und genau das passiert, was wir nicht wollen, wir verlieren unsere Fähigkeit der intellektuellen Arbeit und damit das Bewerten, Schmieden von Plänen und das Finden von Alternativen und es bleibt letztlich nur die Flucht oder der Angriff, wenn dieser Botenstoff die Oberhand gewinnt.

- **Neuropeptide:** Dies sind Eiweißstoffe, welche als Botenstoffe von den Nervenzellen selbst freigesetzt werden und die sich so von den Neuromodulatoren unterscheiden, welche aus anderen Zellen oder Körperregionen stammen.
  - ○ **Endorphine:** Dabei handelt es sich um körpereigene Opiate, welche für einen bestimmten Zeitraum die Symptome von Stress puffern, Schmerzen reduzieren und ein Wohlgefühl erzeugen können (z.B. Runners High). Entwicklungsgeschichtlich haben diese Stoffe viel zur Dominanz des Menschen beigetragen, weil sie es ermöglichen, kurzfristig enorme Leistungen zu erbringen oder Schmerzen zu ertragen. Was man aber nicht vergessen darf, ist, dass diese Stoffe, die zu Höchstleistungen befähigen, nur eine bestimmte Zeit helfen und dann eine deutliche Erholungsphase des Körpers nötig ist, da ansonsten ein massiver Erschöpfungs- und Ermüdungszustand eintreten kann, der bis zum völligen physischen und psychischen Zusammenbruch führen kann.
  - ○ **Oxytocin:** Neben den bekannten körperlichen Effekten dieses Stoffes (für die Geburt und Milchproduktion bedeutend) weist dieser Botenstoff auch hohe Bedeutung für die Bindung von Mutter und Kind im Speziellen und für die Ausbildung sozialer Verbindungen im Generellen auf. Neueste Forschungen bringen Oxytocin mit den Gefühlen von Liebe, Vertrauen und Zuneigung in Verbindung. Das Hormon besitzt eine luststeigernde Wirkung bei Männern und Frauen und wird daher auch oft als sogenanntes *Kuschelhormon* bezeichnet. Ein geschlechtsspezifischer Unterscheid zeigt sich hier deutlich, da Frauen generell einen höheren Oxytocinspiegel aufweisen als Männer.

o **Vasopressin** (ADH): Auf der körperlichen Ebene bewirkt dieser Stoff eine verstärkte Rückgewinnung des Wassers aus dem Urin, wodurch dieser konzentrierter wird. Das kommt in der Nacht zum Einsatz, um durchschlafen zu können (ohne die Toilette aufsuchen zu müssen). Wir führen diesen Stoff nur an, da er auf der Ebene des sozialen Verhaltens die Paarbindung fördert und bei Männern eine erhöhte Aggressivität gegen (potentielle) Rivalen und territoriales Verhalten bewirkt.

Strukturelle und funktionelle Aufgabenteilung des Gehirns

Das Gehirn teilt im Normalfall seine Aufgaben in zwei Funktionsblöcke auf, welche weitestgehend in der einen oder anderen Gehirnhälfte lokalisiert werden können. Diese Aufteilung ist aber nicht so eng und strikt zu sehen, dass eine Funktion ausschließlich in der einen oder anderen Hälfte beheimatet ist. Diese Aufgliederung stellt lediglich eine Tendenz dar, welche beiden unterschiedlichen Bereiche sich im Funktionskatalog des Gehirns wiederfinden. Ebenso ist die Aufteilung nicht wörtlich, räumlich, zu nehmen, da in der Realität alle Funktionen breit im Gehirn verteilt sind und nicht auf einen einzelnen Platz eingeschränkt werden können. Da das Gehirn extrem anpassbar und wandelbar ist können in Krankheits- oder Unfallsituationen sogar ganze Funktionsbereiche in eingeschränktem Maße von einer Region in eine andere Region des Gehirns verlagert werden. Man könnte also die im Folgenden angeführten beiden Hälften zutreffender als zwei mögliche logisch-funktionale Zugangsebenen zum Gehirn verstehen.

linke Gehirnhälfte

- Diese Gehirnhälfte wird als die männliche Seite bezeichnet.
- Sie arbeitet erwägend, kritisch und technisch-neutral analysierend.
- Die Wahrnehmung in diesem Bereich ist linear, seriell (es wird ein Input nach dem anderen verarbeitet) und an Zeit und Raum gebunden. Diese Serialität ist eine Ursache, warum eine große Informationsflut zu Überlastungen dieser Zugangsebene führen kann.
- Mystisches ist dieser Gehirnhälfte unverständlich und erscheint nicht nachvollziehbar.
- Diese Gehirnhälfte agiert als Gedächtnis für das aktuell Erlebte, gleichsam als kurzfristiger „Arbeitsspeicher" (wobei hier mit der Kurzfristigkeit ein einzelnes Leben gemeint ist).
- Sprache und Rechnen sind überwiegend dort beheimatet
- Diese Hälfte registriert Dinge, kategorisiert und benennt diese und ordnet sie in einem inneren Wertesystem ein
- Diese Funktionsweise ist dem Teilchenaspekt des Quantenraumes näher und wird im Buddhismus mit dem Begriff Citta charakterisiert.

rechte Gehirnhälfte

- Diese Gehirnhälfte wird als die weibliche Seite bezeichnet.
- In diesem Bereich sind die Träume, Gefühle, Intuition, das Unterbewusstsein und die Kreativität beheimatet.
- Sie enthält das schlummernde Wissen des sogenannten Seelenbewusstseins (Reinkarnationswissen[20]). In diesem Funktionsbereich liegen Erinnerungen, welche bewusst oder unbewusst in diesem oder einem früheren Leben gemacht wurden.
- Diese Gehirnhälfte ist bei Menschen, welche eine Neigung zu Telepathie und Medialität aufweisen, sehr aktiv.
- Sie dient als Speicher von Erinnerungen für eine lange Zeit (*Festplatte*) – entspricht also dem nicht lokalen Quantenraum. Diese Hälfte zeichnet alles auf, was je registriert wurde, auch pränatale Erlebnisse und andere unbewusst gemachte Erfahrungen.
- Dieser beschriebene „Speicher" ist voll nur im Alphazustand nutzbar.

Neuroplastizität

Das Gehirn ist kein Organ, das in seiner Struktur und Funktionalität initial (mit der Geburt) festgelegt wurde und sich im Laufe des Lebens nicht mehr verändert. Ganz im Gegenteil – das menschliche Gehirn verändert sich nach den vorhandenen Rahmenbedingungen, seiner Nutzung und Verwendung sowohl kurzfristig als auch mit langfristiger Auswirkung.

Interessanterweise ändern sich auf diesem Weg nicht nur die Inhalte des Gehirns, sondern es werden konkret einzelne Regionen gestärkt, physisch anders organisiert oder alternativ verwendet. Es geht sogar so weit, dass beim Verlust einzelner Gehirnregionen mit geeigneten Trainingsmethoden zum Teil andere Gehirnregionen deren Aufgaben übernehmen können.

Was man nicht übt, das verlernt man – das Gehirn wird durch das Bewusstsein geformt und nicht umgekehrt, wie oftmals angenommen wird. Das Gute daran ist, dass Sie immer zum Lernen und zur Entwicklung befähigt sind und Ihr Gehirn somit verändern können und nicht einer bestehenden Gehirnstruktur ausgeliefert sind.

Diese besondere Eigenschaft des Gehirns ermöglicht dem Menschen ein lebenslanges Lernen und eine geistige (Weiter)Entwicklung bis in das hohe Alter.

---

[20] Ob Sie an Wiedergeburt glauben, ist hier unerheblich. Es können Erinnerungen abgerufen werden; ob diese tatsächlich ein früheres Leben betreffen oder nur als symbolische Sprache zu verstehen sind, ändert ihre Wertigkeit nicht.

Literaturverzeichnis

BAYS, Jan Chozen; Achtsam essen; Arbor Verlag, 2009

FIELD, Lloyd; Business and the Buddha, Doing well by doing good; Wisdom Publications; Boston, 2007

GUNARATANA, Henelopa; Die Praxis der Achtsamkeit. Eine Einführung in die Vipassana-Meditation; Kristkeitz-Verlag, 2000

GUNARATANA, Henelopa; Von der Achtsamkeit zur Sammlung: Eine Einführung in die tieferen Stadien der Meditation; Kristkeitz-Verlag, 2010

HANSON, Rick; MENDIUS, Richard; SIEGEL, Daniel; Buddha's Brain: The Practical Neuroscience of Happiness, Love & Wisdom, New Harbinger Publications, 2009

HILBRECHT, Heinz; Meditation und Gehirn, Alte Weisheit und moderne Wissenschaft, 1. Auflage, Verlag Schattauer, 2010

JACKSON, Susan A.; CSIKSZENTMIHALYI; Flow in Sports, The keys to optimal experiences and Performances, Human Kinetics, 1999

KHEMA, Ayya; Meditation ohne Geheimnis, Jhana Verlag, 1. Auflage, 2011

KNAPP, Peter; NOVAK, Andreas; Effizientes Verhandeln, 3. Auflage, Windmühle Verlag, 2010

KRAMER, Gregory; Einsichts-Dialog: Weisheit und Mitgefühl durch Meditation im Dialog, Arbor Verlag, 2009

LYON, Ursula; SCHINAGL, Gerald; ANTI-Stress Training, 5. Auflage, Windmühle Verlag, 2016

LYON, Ursula; SCHINAGL, Gerald; Licht auf deinem Weg, 1. Auflage, Books on Demand, 2016

RAHN, Horst-Joachim; Erfolgreiche Teamführung, 6. Auflage, Windmühle Verlag, 2010

SALZBERG, Sharon; Metta-Meditation Buddhas revolutionärer Weg zum Glück, Arbor Verlag, 2003

SCHINAGL, Gerald; Die Mettasutta: Hinweise für ein heilsames Leben, 1. Auflage, Books on Demand, 2015

STRELECKY, John; The Big Five for Life, Was wirklich zählt im Leben; DTV Verlag, 2009

TSÜLTRIM, Allione; Den Dämonen Nahrung geben: Buddhistische Techniken zur Konfliktlösung, Araka Verlag, 4. Auflage, 2009

WITT, Jürgen; Kreativität und Innovation, 1. Auflage, Windmühle Verlag, 2010

Index

A

Abendgebet 65
Ablehnung 35
Abschottung 57
Abstraktion 11
ACC 68, 127
Acetylcholin 52, 131
Achtsamkeit 49, 68, 73, 78, 127
Achtsamkeit, dynamische 55
Achtsamkeitspause 80
ADH 133
Adrenalin 132
Affekt 129
Aggression 67, 89
Aggressivität 133
Akzeptanz 66
Akzeptieren 109
Allergie 52
Alphazustand 11, 134
Alter 6, 39
alzheimerschen Krankheit 49, 131
Amygdala 16, 130
Anatta 31
Angestellte 5
Angst 25, 49, 111, 119, 130, 131
Ängste 13, 34
Anhaftung 85
Anicca 87
Annehmen 109
Anstrengung 50
Arahant 14
Arbeiter 5
Arbeitsmodell 4
Aristoteles 31
Arm 104
Askese 40
Asket 40
Astma 49
Atem 46

Aufgaben 5
Auge 104
Ausbildung 29
Aversion 43

B

Balanced Scorecard 95
Bauch 104
Bauchgefühl 25
bedingte Entstehung 87
Bedrohungen 9
Begeisterung 22
Belohnung 129, 131
Belohnungsreflex 58
Belohnungssystem 64
Beruf 6
Besprechungsraum 26
Betazustand 11, 12
Bettelmönch 40
Bewußtsein 29, 30, 134
Blutdruck 127
Brust 104
Buddha 40
Budget 20
Burnout 15, 18
Burn-Out Syndrom 7
Burnoutrate 73

C

Charity 93
Chirurg 26
CISM 17
citta 133
Corpus callosum 129
Cortex, anteriorer cingulärer 127
Cortex, präfrontaler 49, 88, 127
Cortisolspiegel 49
Critical Incident Stress Management 17

D

Darmträgheit 15
Deltazustand 13
Demenz 51
Depression 52
Dhamma 41
Diabetes Typ II 49
Diaphragma-Atem 60
Diät 51
Dopamin 58, 128, 131
Dukkha 42
Durchfall 15

E

EEG 11, 12
Eidotter 52
Eltern 66
Emotionen 34
Empathie 49, 108, 127, 128
Endorphine 132
Entrepneurship 28
Entscheidung 19
Entscheidungen 24
Entscheidungsprozess 25
Entspannung 12, 60
Entwicklung 134
Entzugserscheinungen 131
Erfahrungen, spirituelle 13
Erfolg 31, 50
Erinnerung 10, 130
Erkenntnismeditation 47
Erkenntnispotential 70
Ernährung, intuitive 52
Erreichungsziel 37
Esoterik 35
Ethik 88
Euphorie 131
Evolution 8
Expertise 24

F

Facebook 7
Fakten 24
Familie 6
Farbscheiben 46
Fehler 66
Feldenkrais 54
Fischöl 52
Flashback 10
Fleisch 51
Flow 35, 119, 131
Flucht 57, 132
Folsäuremangel 52
Fontanelle 104
Freigebigkeit 92
Freiraum 23
Freude 6, 31, 34, 54
Frömmlichkeit 35
Führungskraft 18
Führungskräfte 5, 18
Führungsstil 73
Fuß 104

G

GABA 130
Gammazustand 12
Gebote 88
Gebrechen 33
Geburt 132
Gedächtnis 133
Gedankenhygiene 65
Gedankenstrom 30
Gefahr 12
Gefahrenpotential 9
Gefahrenzeichen 9
Gefühle 29, 30, 34, 134
Gefühlsleben 57
Gehirn 8, 30, 127
Gehirnhälfte 133
Geist 8, 30
Geist, leerer 28
Geistesformationen 29, 30

Geistesschulung 46
Geld 19, 20, 92
Gemeinschaft 6
Gemüse 51
General 26
Gerechtigkeit 87
Gerechtigkeitssinn 127
Geschmacksverstärker 52
Geschwüre 15
Gewalt 16
Gewinn 44
Gewissenskonflikt 25
Gier 35, 42, 67
Glaube 30, 81
Gleichgewicht 128
Gleichmut 48
Glück 6, 21, 34, 35, 44, 54, 66
Glücksgefühl 53
Glückshormon 131
Glutamat 52, 130
Glycin 130
Gott 35, 41, 87
göttlicher Lehrer 41
Grippe 15
Grundgefühle 108
Gruppe 57
Güter 19

H

Halluzination 131
Hals 104
Hausfrau 5
Hautveränderungen 54
Herzfrequenz 61
Herzrasen 61
Herzratenvariabilität 61
Herzschlag 127, 128
Herzstolpern 61
Hierarchie, informelle 21
Hilflosigkeit 16
Hinayana 39
Hinterkopfpunkt 104
Hippocampus 16, 49, 51, 129

Hormonsystem 33
Humankapital 20
Hypnose 13
Hypothalamus 130

I

Ideale 57
Idee 57
Immunstem 15
Immunsystem 49, 54, 64
implicit memories 64
Infarktrisiko 15
informelle Hierarchie 21
Initiative 23
Inselcortex 49, 128
Integrität 29, 32
Intellekt 108
Intellektualität 97
Intention 101
Internet 24
Intuition 25, 76, 108, 134
iPhone 7
Isipatana 41

K

Kalamasutta 45
kardiovaskulärer Stress 64
Karma 19, 87
Karuna 48
Katarr 15
Kehlkopf 104
Khanda 29
kleines Fahrzeug 39
Kleinhirn 129
klinisch tot 13
Kommunikation 97
Kompromisse 27
Konsum 31
Kontrolle 23
Konzentration 127
Körper 8, 30
Körperwahrnehmung 55

Kraft 58, 60
Krankheit 6, 39
Krankheiten 33
Krankheitsfall 12
Kreativität 18, 28, 134
Kritik 109
Kultur 28
Kunst 28

L

Langzeitgedächtnis 49, 129
Leadership 18
Leadership-Programm 4
Lebensmodell 4
Lebensumstellung 4
Lebensziel 32
Lebenszweck 32
Leber 52
Lehre der Älteren 39
Lehre, buddhistische 5
Lehrer 66
Leid 32, 40, 42, 66, 84
Leinöl 52
Leinsamen 52
Liebe 132
limbisches System 127
Lob 44
Lösungswege 28
Lumpini 39
luzides Träumen 13

M

Macher 5
Magnetresonanz 12
Management-Literatur 5
Manager 5, 18
Mandelkern 130
Mantren 46
Maya 39
MBSR 49
Medialität 134
Meditationsklausur 83

Medizin 127
Metta 48
Metta-Meditation 109
Mitfreude 48
Mitgefühl 48, 49, 66
Mitleid 66
Mönche, buddhistische 12
Motivation 22, 127
Motorik 129
Mudita 48
Multitasking 78
MUSKELRELAXION NACH JACOBSON 62
Müßiggang 60
Mustererkennung 11
Mut 4
Mutter 21

N

Nacken 104
Nahtoderfahrungen 13
Nase 104
Naturkatastrophen 16
Nervensystem 33
Neuerziehung 54
Neuromodulatoren 130, 131
Neuropeptide 132
Neuroplastizität 78
Neurotransmitter 52, 130
Nirodha 14
Noradrenalin 132
Normen 37

O

Oberkopf 104
Oberschenkel 104
Obst 51
Offenheit 57
Ohr 104
Omega 3 Fettsäuren 52
Operationssaal 26
Opiate 132
Organisation 18, 28

Oxytocin 66, 67, 130, 132

P

Paarbindung 133
Panikzustände 25
Pappelfeige 40
Parathion 131
Partner 66
pathologische Befunde 12
peripheres Nervensystem 60
Person 29, 57
Persönlichkeit 86
PFC 67, 127
Philosophie 45
Phobien 49
Pläne 127
Planung 18, 28
Position 27
positives Denken 63
Post Traumatische
  Belastungsstörung 17
Post Traumatischer Stress 17
posttraumatische
  Belastungsstörung 7
Potential 28, 30
präfrontaler Cortex 101
Prägung 81
Präsenz 68
Problem 28
Problemlösung 27
Projekt 19
Psyche 33
psychologische Behandlung 34
Psychotherapie 10
PTBS 130
Publicity 93

Q

QiGong 46
Quantenraum 133, 134

R

Rahula 40
Raum 133
Realität 11
Rechnen 133
rechte Rede 97
Reichtum 31
Reinkarnationswissen 134
Reizbarkeit 17
Religion 45, 105
REM Phase 14
Ressourcen 19, 20
Richter 87
Rücken 104
Rückzug 17
Ruhe 46, 60
Ruhm 31

S

sacca 42
Salat 52
Samadhi 40, 46
Schädel 127
Schizophrenie 131
Schlaf 11, 131
Schläfe 104
Schlafen 11
Schlaflosigkeit 49
Schläfrigkeit 60, 97
Schmerz 12, 54, 85
Schmerz, physischer 128
Schmerzen 33, 132
Schmerzen, chronische 49
Schuldgefühl 67
Schule 29
Schüler 5
Seele 30
Segen 84
Selbsthindernis 8
Selbstkontrolle 67
Selbstmord 32
Selbstvertrauen 66

Selbstwert.................................57, 101
Serotonin 52, 64, 128, 131
Serotoninspiegel..............................53
Shakya 39
Shuddhodhana 39
Siddharta 39
Siddharta Gautama.........................39
Silas...88, 97
Sinneseindrücke 12
Sinnesorgane 9, 10, 12, 127
Snack 51
Spiegelneuronen 128
Spiritualität...............................30, 105
Split-Brain Syndrom.......................129
Sponsoring.......................................92
Spontanität....................................129
Sprache...97
Sprachen...133
Stabilität...58
Stärke 60
Sterbeprozess...................................13
Stimmungen 69
Stimulation 129
Stirn 104
Streit...27
Stress 7, 12, 15, 23, 25, 54, 132
Stresspegel 30
Suchtverhalten 128
Synchronisation 70

T

Tadel..44
Telepathie.......................................134
Termindruck 24
Thai Chi...54
Thalamus 128
Therapie 34
Theravada...39
Thetazustand 11, 13
Tiefschlaf 12, 13, 14
Tod.............................. 6, 33, 36, 39
Trägheit 60
Trance.......................................11, 13

Trauer... 54
Traum.. 11, 13
Trauma 7, 64
Traumata 130
Träume 134
Traumyoga 13
Triebe 40
Triebenthemmung 127
Triebverhalten................................ 129
Trost 92
Typ II Diabetes................................ 15

U

Überforderung 18, 23
Umgebungsreize 9
Umwelt... 9
Umweltschutz 20
Unbeständigkeit 87
Unfall.. 16
Unglück 21, 44
Unruhe 60
Unsicherheit.............................. 24, 25
Unterbewusstsein 12, 134
Unterforderung............................. 119
Unterschenkel................................ 104
Unvollkommenheit 89
Unzufriedenheit 89
Upekha 48
Urin 133
Ursache und Wirkung...................... 19

V

Vasopressin 133
Vater 21
Vegetarier 51
Verachtung...................................... 44
Verantwortung................................ 19
Verblendung.................................... 43
Verdauungstrakt............................. 15
Verehrung 44
Vergangenheit................................ 105
Vergewaltigung 16

Verhandlungsvorbereitung 76
Verlust 6, 44, 85
Vermeidungsziel 37
Versenkungsmeditation 46
Versuch 50
Vertrauen 132
Vipassana 47
Vitamin B 51

W

Wachbewußtsein 12
Wachen 11
Wahrheiten, edle 42
Wahrnehmung 29, 30, 69, 131
Wange 104
Weltgesetze 44
Werte 57
Wertesystem 37
Wertlosigkeit 89
Wirtschaft 31
Wohlgefühl 53, 132

Wundheilung 15
Wünsche 5, 26
Wut 67
Wutausbrüchen 17

Y

Yoga 46, 53

Z

Zeit 133
Ziele 5, 127
Zucker 51, 53
Zuflucht 57, 66
Zufriedenheit 6
Zukunft 105, 127
Zuneigung 92, 132
Zusammengehörigkeitsgefühl 64
Zweifel 25
Zwischenhirn 128